Gerhard Vilmar

Beziehungsschule

Herstellung und Verlag: Books on Demand GmbH, Norderstedt

ISBN: 978-3-842-34704-5

Umschlagfoto:
Ausschnitt der Holzschnitzerei „Lehrer Florian Bätschi mit Schulkindern"
Ernst Ludwig Kirchner, 1936 - Kirchner Museum, Davos

Bibliografische Information der Deutschen Bibliothek: Die Deutsche Bibliothek verzeichnet diese Publikation in der Deutschen Nationalbibliografie;
detaillierte bibliografische Daten sind im Internet unter http:/dnb.ddb.de
abrufbar.

für Brigitte

Inhalt

Wir sollten uns davor hüten, den Intellekt
zu unserem Götzen zu machen. Er hat
ohne Zweifel kräftige Muskeln, aber es
fehlt ihm an Persönlichkeit.
Albert Einstein

Wieder versuchen. Wieder scheitern.
Besser scheitern!
Samuel Beckett

Vorwort

Die wichtigsten und prägendsten Beziehungen unseres Lebens erfahren wir in Familie, Freundeskreis und Schule. Hier lernen wir, wie Beziehungen gestaltet und verändert werden. Diese Erfahrungen begleiten uns ein Leben lang und entscheiden über Gelingen und Scheitern zukünftiger Beziehungen.

Doch überlastete und ausgebrannte Lehrer, Schüler mit vielfältigen psychischen oder psychosomatischen Symptomen und verunsicherte Eltern bieten wenig Hoffnung, dass die aktuelle Schullandschaft ihrem weit gefassten Bildungsauftrag gerecht wird. Denn Bildung kann nicht nur Transfer vorhandenen Wissens sein sondern muss Förderung jedes Einzelnen entsprechend seiner Begabungen und Möglichkeiten bedeuten. Die Schule soll dabei behilflich sein, dass die Kinder etwas aus-bilden, dass ein schöpferischer Prozess stattfindet. Das griechische Wort *Paideia* bedeutet Bildung und Erziehung, Einführung des Menschen in seine Lebenswelt. In diesem Sinn ist Bildung ein schöpferischer Prozess, eine Einladung ins Leben: etwas nimmt Gestalt an (vgl. bildende Kunst, Herzensbildung). Doch im 18. Jahrhundert geriet der Begriff in einen pejorativen Strudel und findet sich in Zusammenhängen wie Bildungsbürgertum, Bildungsroman, Bildungsgesellschaft. So gesehen erhielt Bildung etwas Elitäres, verschiebt sich vom Sein zum Haben.

Im Sinne der ursprünglichen Bedeutung des Begriffs wurde der notwendige Schulterschluss zwischen Politik, Schule und Elternhaus zunehmend versäumt, Bildung als Wissen missverstanden. Doch so kann den Schülern keine verlässliche Orientierung für einen guten Weg in die Zukunft vermittelt werden. Dies ist einer der Gründe, weshalb unzufriedene Eltern neue Schulen mit einem ganz eigenen Profil gründen. Sie wollen ihre Kinder nicht dem Leistungsdruck der staatlichen Schule aussetzen, zumal ein guter Schulabschluss keine Garantie mehr für einen Arbeits- oder Studienplatz bedeutet. Sie suchen nach Möglichkeiten, dass ihre Kinder vor allem auch Beziehungskompetenz und persönliche Meisterschaft (Hansch, 2010) in einer immer anonymer und unüberschaubareren Wissens- und Konkurrenzgesellschaft ausbilden. Neben Intelligenz und Fachwissen ist nämlich die soziale Kompetenz entscheidend für den beruflichen Erfolg. Und zukünftige Arbeitgeber schauen weniger auf die Noten als vielmehr darauf, was für einen Menschen sie vor sich haben.

Wer in einem verlässlichen und stabilen äußeren Rahmen zugewandte, klare, kontinuierliche Beziehungen kennengelernt hat, in einer deutlich abgegrenzten und gelungenen Zusammenarbeit von Elternhaus und Schule, kann eine gute innere Struktur entwickeln, eine innere Kompassnadel, die auch in schwierigen Zeiten eine verlässliche Richtung anzeigt. Ein gutes Selbstwertgefühl entwickelt sich durch die Erfahrung guter Entwicklungsmöglichkeiten jenseits von Notendruck und Förderwahn. Das Erleben der äußeren Welt wird zum Selbsterleben – nicht zuletzt deswegen ist ein gutes Schulsystem wichtig.

Aber leider werden auch heute noch an den meisten Schulen Gehirne statt Menschen unterrichtet. Immer noch wird versucht, den Nürnberger Trichter anzusetzen. So ist es nicht verwunderlich, wenn immer mehr Lehrer und Schüler an einem Burnout-Syndrom erkranken, Zeichen einer mangelhaften Beziehung zu sich selbst und einer vernachlässigten Beziehungskultur in der Schule. „Ein System, das die Menschen gängelt, das Lehrende und Lernende als Befehlsempfänger begreift, das Zwang ausübt statt Freiheit gewährt, das Reformen von oben diktiert, statt sie von unten zuzulassen, bringt keine kreativen, selbstbewussten, kritischen, motivierten und zeitlebens bildungshungrigen wie bildungsfähigen Menschen hervor, sondern Rädchen in großen Getrieben, Büro-und Technokraten, Unselbständigkeit und Unfähigkeit zur Verantwortungsübernahme, und Angst vor Veränderung statt Aufgeschlossenheit für Neues" (Spitzer, 2010).

Doch was kann ein gelingendes Leben in einer sich rasant entwickelnden Welt ermöglichen? Welche Fertigkeiten sind erforderlich? Ist Drill, Disziplin und ein strenges Bewertungssystem im Sinne der Tigermutter Amy Chua das richtige Ziel? Oder ist es eher ein notenfreier Zugang, wie ihn Sabine Czerny anstrebt? Können die vielen neuen Erkenntnisse aus Neurobiologie, Sozial- und Kommunikationswissenschaften einen Beitrag zu einer gelingenden Schule leisen?

Dieses Büchlein möchte Anstöße dafür geben, dass emotionale Beständigkeit und soziale Kompetenz an den Schulen zu einem Bildungsziel wird und dass die unterschiedlichen Beziehungsgeflechte in der Schule beständig gemeinsam reflektiert werden. Grundlage dafür ist meine Arbeit mit Lehrern und Schülern, die Beratung unterschiedlicher Schulen und die Lehrtätigkeit für angehende Psychotherapeuten und Lehramt-Studenten.

So vielgestaltig wie das Beziehungsfeld Schule ist auch diese Schrift. Sie enthält ein Sammelsurium von unterschiedlichen Artikeln, die in den letzten Jahren an unterschiedlichen Orten in der Zusammenarbeit mit verschiedenen Schülern, Eltern, Lehrern, Lehramtskandidaten, Kollegien und anderen Gruppierungen entstanden. Der Schreibstil und die Thematik spiegeln dabei die jeweiligen Begegnungen wieder. Der rote Faden ist das Thema Beziehungskompetenz.

Es wäre schön, wenn dieses Büchlein dazu beitragen könnte, dass Eltern, Lehrer und Schüler gemeinsam ihre kommunikativen, einfühlsamen, team- und konfliktfähigen Seiten verbessern und die Schule in ihrer Aufgabe unterstützt wird, selbstbewusste, verantwortungs- und lernbereite, kompetente, flexible, kreative und beziehungsfähige junge Menschen in die Welt zu entlassen.

Viel Freude beim Lesen wünscht Ihnen
Ihr
Gerhard Vilmar

Der Mensch ist ein Haufen Fleisch und Knochen.
Dieser Haufen wird durch einen Apparat, Hirn genannt, in Bewegung gehalten. Das Hirn ruht in einer
Schale, die man als Hirnschale bezeichnet. Diese
Schale ist ohne sichtbare Öffnung. Dort drinnen
sieht und hört das Gehirn nichts von dem, was um es
herum geschieht; abgeschnitten vom Rest der Welt,
wie es nun einmal ist. Deshalb handelt der Mensch
mit einer, dem Beobachter so gut bekannten, char-
manten Leichtfertigkeit, eine Leichtfertigkeit, die ihn
charakterisiert und ihm Persönlichkeit verleiht, wenn
ich so sagen darf.
Erik Satie

Beziehungsfeld Schule

Was wir sind und wie wir uns fühlen, wie wir die Welt erleben und auf sie reagieren, ist im wesentlichen das Ergebnis
der Beziehungserfahrungen, die wir im Laufe unseres bisherigen Lebens gemacht haben. In den Spiegelneuronen unseres Gehirns sind die Eindrücke der Begegnungen mit anderen Menschen eingeschrieben. Dort ist gleichsam die Essenz
dessen, was wir bei anderen beobachtet oder mit ihnen erlebt
haben, gespeichert. Dieses Wissen wird über die täglich neu-
en Erfahrungen beständig moduliert und bietet die Grundlage unseres emotionalen Mitfühlens und unserer Intuition. Es
ist die wichtigste Voraussetzung dafür, wie wir unsere aktuellen Beziehungen gestalten – die scheiternden und die gelingenden.

Für ein gutes inneres Selbsterleben und gute Erwartungen in
die Begegnung mit anderen Menschen brauchen wir also

direkte, positive und persönliche Beziehungserfahrungen. Sie entscheiden über unseren Zugang zu uns selbst und die uns umgebende Welt. Gelingt dies, so kommen wir dem wesentlichsten Ziel unseres Lebens näher: dass wir uns eine gute Geschichte über uns selbst erzählen können. In einer sehr an Äußerlichkeiten und materiellen Werten orientierten Welt, kann neben der Familie besonders die Schule als Möglichkeitsraum dabei helfen, gute und hilfreiche Beziehungen zu anderen Menschen zu entwickeln.

Die auseinander driftenden Familienstrukturen und die zunehmende Beliebigkeit in den Kontakten, der Rückzug in virtuelle Second-life-Welten und die Kommunikation auf Distanz bedingen ein Defizit an direktem Austausch mit anderen und lassen damit auch die Einfühlungsfähigkeit in andere und das Erfassen sozialer Situationen verkümmern. Die persönliche Begegnung wird der „Zerstreuungsindustrie" (Kracauer, 1925) geopfert. Der Wunsch nach Bindung, mit dem jeder von uns in diese Welt hineingeboren wurde, läuft möglicherweise ins Leere und führt in der Enttäuschung entweder in einen depressiv getönten Rückzug, oder aber zu Entwertung, Sarkasmus bis hin zu Mobbing; manchmal sogar zu körperlicher Erniedrigung und Verletzung.

Um so wichtiger ist es also, dass die Familien und die Schulen sichere Orte darstellen, an denen sich jeder, unabhängig von seinen eigenen Persönlichkeitsaspekten, erst einmal gesehen, ernst genommen und geachtet fühlen kann. Orte an denen von allen gemeinsam ein geschützter Bereich für die Entwicklung eigener Potenziale gestaltet wird. Denn wir sind alle lebenslang darauf angewiesen, von anderen Resonanz und ehrliches Feedback zu erfahren, um unsere eigene Position und Kontur beständig reflektieren und verändern zu können.

Ist die Gemeinschaft aber unverbindlich, wird der einzelne nicht mehr gesehen und wertgeschätzt, sondern lächerlich gemacht, diffamiert oder sogar ausgegrenzt, so gibt es keine

Möglichkeit mehr, sich innerhalb einer Gruppierung über Angst und Schmerz zu äußern. Dann wird zunehmend versucht, gegenüber Verletzungen unempfindlicher zu werden – nach innen wie nach außen. Dann suchen manche junge Menschen nach Unverletzlichkeit in den Nebenrealitäten virtueller Welten, betäuben sich mit „elektronischen Anästhetika" (Bonner & Weiss, 2008), Alkohol oder Drogen. Wie dünn die Schicht von Zivilisation ist, wird uns manchmal erschreckend durch einen Amoklauf bewusst. Und leider ist aggressives Verhalten in hohem Maße infektiös.

Gerade die Schule kann bei einem umfassenden Verständnis von Bildung eine Treibhausatmosphäre bieten, in der neben dem Erwerb von Fertigkeiten ganz besonders inneres Wachstum, emotionale Stabilität und soziale Kompetenz gefördert wird. Es gilt junge Menschen zu ermuntern und zu fördern, dass sie etwas herausbilden, was der Gemeinschaft und ihnen selbst lebenslang zu Gute kommen kann: Achtung, Rücksichtnahme und Wertschätzung sind wichtige Grundtugenden einer gelingenden Gemeinschaft. Die Gestaltung der eigenen Biografie ist entscheidend für Selbstwirksamkeitserleben und persönliche Meisterschaft.

Der Bildungsauftrag der Schulen endet eben nicht mit der Wissensvermittlung sondern schließt insbesondere die Bildung (!) psychischer und psychosozialer Fähigkeiten mit ein. Die Schule soll sozial-emotionale Kompetenzen und Empathiefähigkeit fördern. Das ist nicht nur erwünscht sondern notwendig, weil mindestens 20 % der deutschen Schüler erhebliche psychische und psychosoziale Probleme haben (Roth, 2011). Die Defizite in der Persönlichkeitsentwicklung finden sich dabei besonders in den ärmeren Familien, und hier besonders in Familien mit Migrationshintergrund. Die Überforderung der Eltern bedeutet oft eingeschränkte Fürsorgemöglichkeiten mit den entsprechenden Folgen für die Motivation und das Verhalten der Kinder. Kindergarten, Vorschule und Schule haben gerade für Kinder aus Familien mit Migrationshintergrund eine besondere kompensatorische Wichtigkeit.

Wie wir aus der Glücksforschung wissen, ist unsere Lebensqualität entscheidend dadurch geprägt, wie sehr wir uns einer Gemeinschaft zugehörig fühlen können, in welchem Maße unsere Mitwirkung erwünscht ist und wertgeschätzt wird. Jede Schule, unabhängig von ihrer Ausrichtung, ist also aufgerufen, das Miteinander zu fördern und die Achtsamkeit zu erhöhen.

Für jeden einzelnen geht es darüber hinaus um die persönliche Meisterschaft in Authentizität mit den eigenen Möglichkeiten und natürlich auch den eigenen Begrenztheiten. So kann Lust auf lebenslanges Lernen und Kennenlernen geweckt werden, Neugier auf die Welt und ihre Möglichkeiten. Denn die Selbstentwicklung hängt in hohem Maße mit der Entwicklung sozialer Kompetenzen zusammen. Nur wer vertrauensvolle und tragfähige soziale Kontakte schaffen kann, unabhängig von den unterschiedlichen Kulturkreisen, aus denen der einzelne oder sein Gegenüber kommen, wird sich in der komplexen heutigen Welt zurechtfinden und ein Sicherheit gebendes Netz spannen können, das auch bei schnellen Veränderungen oder Krisen eine gute Kommunikation und Kooperation ermöglicht und Halt gibt.

Die Jugend von heute liebt den Luxus, hat schlechte
Manieren und verachtet die Autorität. Sie wider-
sprechen ihren Eltern, legen die Beine übereinander
und tyrannisieren ihre Lehrer.
Sokrates

Die Schülerinnen und Schüler nahmen einen schon
deshalb nicht ernst, weil man für jemand gehalten
wurde, der es nicht geschafft hat. Diese leise und
manchmal weniger leise Verächtlichkeit wurde den
Schülern von der Gesellschaft vermittelt, allen voran
den Eltern.
Arno Geiger: Alles über Sally

Die Lehrer

Das Elend der Lehrer

„Die meisten, die zur Schule geschickt werden, bringen so
arge Sitten und so schlimme Gewohnheiten mit, dass sie
ganz umgebildet werden müssen. Auch die Eltern der Schüler schätzen uns nicht höher als diese selbst. Sie denken nicht
daran, dass sie die Sorge für ihre Kinder auf uns abgeladen
haben."

Diese Sätze sagte der große Schulreformer, Weggefährte
Luthers und Stratege der Reformation Philipp Melanchthon
in seiner Rede „De miseriis paedagogorum" (Über das Elend
der Lehrer) - im Jahr 1533!

15

Der Lehrer wird nicht, wie böse Zungen behaupten, geboren, bekommt Ferien und stirbt. Ein solcher Satz spricht wohl eher für alte, offene Rechnungen aus längst vergangenen Schulzeiten, als dass es der Realität und dem Einsatz der meisten Lehrer entspricht.

Viele Eltern erwarten heute von den Lehrern ihrer Kinder nicht nur die Vermittlung von Wissen und Freude am Lernen, sondern auch erzieherischen Beistand und zunehmend sogar Hilfe bei der Orientierung in einer immer unübersichtlicher werdenden Welt.

War es nämlich zu Melanchthons Zeiten noch die christliche Botschaft als Leitgedanke für das Denken und Handeln, kann heute auch intensivstes Googeln keine Hilfe bei dem Wunsch nach verlässlicher Orientierung geben. Unsere Welt bietet oft nur kurzzeitige, unbefriedigende und unglaubwürdige Antworten.

Angesichts solch unlösbarer Aufgaben ist es von entscheidender Bedeutung, wie wir unsere Lehrer entlohnen und welchen Wert wir ihrem Berufsbild beimessen. Das gute Abschneiden Finnlands bei der Pisa-Studie hat auch damit zu tun, dass der Beruf des Lehrers dort ein hohes Ansehen genießt und gerade die besten Hochschulabsolventen den Beruf des Lehrers wählen.

Lehrer - ein unmöglicher Beruf !

Es gibt, so schreibt Sigmund Freud in einem Aufsatz aus dem Jahr 1937, drei „unmögliche Berufe": den Politiker, den Psychotherapeuten und den Pädagogen. In diesen Berufen „kann man sich des ungenügenden Erfolgs von vornherein sicher sein".

Die Anforderung an sich selbst, die Arbeit gut zu machen, indem förderliche Entwicklungsbedingungen geschaffen werden, kann schnell in Resignation umschlagen, wenn die bereitgestellten Hilfen von der Zielgruppe nicht genutzt, abgelehnt oder entwertet werden. Kränkend sind außerdem mangelnder Respekt und unzureichende kollegiale Unterstützung. Dann kann die Zuversicht in die eigenen Möglichkeiten bzw. das Veränderungspotenzial der anderen ins Gegenteil umschlagen. Niedergeschlagenheit, Hoffnungslosigkeit und psychosomatische Beschwerden können die Folge sein.

Nach neueren Untersuchungen leiden ca. 30 - 35% der deutschen Lehrer an einem Burnout. Persönliches Engagement, Gehalt und Wertschätzung halten sich meist nur sehr unzureichend die Waage und die im Team vorhandenen Ressourcen werden zu wenig beachtet und genutzt. Gleichzeitig gibt es zu wenig externe Hilfen, wie sie z. B. über Supervisionen und/oder Balintgruppen möglich wären, um die Problemlösungs- und Beziehungskompetenz der Lehrer zu stärken. Für andere Einrichtungen, die mit Menschen und ihren Problemen konfrontiert sind, stellen solche Gruppen mittlerweile eine Selbstverständlichkeit dar. Sie sind verpflichtender Bestandteil der Arbeit, denn sie fördern fachliche Kompetenz, Kollegialität und Vertrauen, helfen dabei, persönliche Verstrickungen zu erkennen, halten den Blick offen für die eigenen Begrenztheiten, die der anderen und der Institution.

Das Kollegium ist der Kristallisationspunkt der Schule. Hier spiegeln sich die Problemfelder, die von außen hereingetragen werden. Darum ist der Schulterschluss enorm wichtig, denn über die Schüler und Eltern wird so viel hereingetragen, dass das Team unablässigem Seitenwind ausgesetzt ist, der es nötig macht, sich immer wieder der Ausrichtung an den primären Arbeitsaufgaben zu vergewissern.

Es ist mit den Teams wie mit uns selbst: wir brauchen immer wieder ein Innehalten und dafür die notwendige Zeit der Ruhe und Besinnung, um die innere Mitte zu halten. Es ist eine Pflicht, die wir uns und den uns anvertrauten Menschen gegenüber haben. Dabei ist der Blick durch die Brille eines helfenden Gegenübers eine wichtige Unterstützung bei der Selbstbesinnung, und eine hervorragende Investition in die Zukunft.

Vom rechten Tun

Wir verdanken Daniel Kehlmann durch sein Buch „Die Entdeckung der Welt" nicht nur einen tiefgehenden Einblick in das Leben und die Gedanken des Mathematikgenies Carl Friedrich Gauß und des Naturforschers Alexander von Humboldt sondern auch eine klare Einsicht in die Beziehungsdynamik am Arbeitsplatz. In seinem Buch „Ruhm" findet sich folgende Passage:

„Ich stelle fest, dass Menschen nicht zusammen arbeiten können, ohne einander zu hassen, und dass man ihnen nichts anordnen kann, ohne von ihnen verabscheut zu werden."

Wer sich exponiert und deutlich Stellung bezieht, muss durchaus damit rechnen „kastriert" zu werden. Wir dürfen nicht vergessen, dass der Neid hierbei eine nicht zu unterschätzende Rolle spielt. Er ist eine der treibendsten Kräfte in unserem Sozialsystem. Manche Forscher sagen sogar, dass der Neid die Entstehung von Ehrgeiz begünstigt.

Wer vergleicht sich heute schon nach unten? Die Regel ist der Vergleich nach oben und die gleichzeitige Suche nach den Unzulänglichkeiten, Ecken und Kanten der Beneideten - um sie baldmöglichst vom Sockel stoßen zu können. Dabei wollen wir die Aggression nicht verteufeln, denn sie hat eine durchaus zupackend-kreative Seite - auf die wir weiterhin hoffen! Also schließen wir für heute mit einem Zitat aus dem 60 Jahre alten Film „Der dritte Mann":
„In den dreihundert Jahren unter den Borgias hat es nur Krieg gegeben, Terror, Mord und Blut. Aber dafür gab es

Michelangelo, Leonardo da Vinci und die Renaissance. In der Schweiz herrschte brüderliche Liebe, fünfhundert Jahre Demokratie und Frieden. Und was haben wir davon? Die Kuckucksuhr!"

Abstinenz

Sicherlich werden sich einige von uns (mit mehr oder weniger gemischten Gefühlen) an die Schrift „Germania" von Tacitus im Lateinunterricht erinnern. Dort gibt es eine Stelle, in der berichtet wird, dass die Frauen ihre Männer, wenn die Schlachtreihen wankten, mit entblößten Brüsten für den Kampf motivierten.

Nun zeigen Frauen nicht nur Haut, wenn es darum geht, Männer zu stärken, sondern auch, um Männer schwach werden zu lassen. So wurden im Rahmen einer wissenschaftlichen Untersuchung Diskotheken-Besucherinnen fotografiert. Ein spezielles Computerprogramm berechnete die Fläche sichtbarer Haut im Dekolleteebereich. Die Ergebnisse waren eindeutig: sie steigt zum Eisprung hin deutlich an.

Dies kann durchaus als ein weiterer Beweis für die Forschungsergebnisse der renommierten Neuropsychiaterin Louann Brizendine angesehen werden, der wir den folgenden Satz verdanken: „Die Frau ist die einzige Beute, die ihrem Jäger auflauert."

Was aber hat das mit Schule zu tun? Denn Lehrer ziehen, von wenigen Klassen einmal abgesehen, selten ins Schlachtengetümmel. Doch sind sie bei der aktuellen Mode, welche die weiblichen Reize besonders betont, in den höheren Klassen tiefen Einblicken ausgesetzt. Und auch für die Männer gibt es natürlich genügend Möglichkeiten, sich in ihrer körperlichen Attraktivität und Stärke zu zeigen.

Jugendlichkeit und Sexualität werden als stets verfügbare Konsumgüter angesehen und vermarktet. Und junge Menschen wollen viel ausprobieren, durchaus auch ihr verführerisches Potenzial. Dabei sind sie sich aber der ausgesendeten Signale und deren Wirkung häufig gar nicht recht bewusst.

Die Rolle als Lehrer fordert, wie die des Therapeuten, besondere Achtsamkeit und Abstinenz. Worte und Taten wollen bedacht sein, ein Sicherheitsabstand ist nötig, um nicht vom manchmal Flirrenden des Gegenüber kontaminiert zu werden. Gerade den Jugendlichen, die in ihren eigenen Abgrenzungen noch nicht sicher sind, schulden alle Erwachsenen besondere Beachtung der Grenzen, die im individuellen Erleben sehr unterschiedlich sind.

Erotik in der Schule

Erinnern wir uns an die eigene Schulzeit, so denken wir schnell in einem dort erlernten Bewertungssystem („es war eine tolle Zeit" oder „nie wieder"). Versuchen wir solche pauschalen Urteile jedoch besser zu verstehen, so wird uns deutlich, dass unsere Meinung durch Beziehungserfahrungen bedingt ist, also durch die „Ein-Drücke" der Begegnungen mit den Klassenkameraden und vor allem den Lehrern.

Zum 50-jährigen Bestehen des Wiener Leopoldstädter Kommunal- und Obergymnasiums, das Sigmund Freud von 1865-1873 besuchte, schrieb er 1914 den Aufsatz „Zur Psychologie des Gymnasiasten". Darin nimmt er auch Bezug zu seinem eigenen Abituraufsatz, der die künftige Berufswahl zum Thema hatte, und schreibt: „Ich weiß nicht, was uns stärker in Anspruch nahm und bedeutsamer für uns wurde, die Beschäftigung mit den uns vorgetragenen Wissenschaften oder die mit den Persönlichkeiten unserer Lehrer. Jedenfalls galt den letzteren bei uns allen eine niemals aussetzende Unterströmung, und bei vielen führte der Weg zu den Wissenschaften nur über die Personen der Lehrer; manche blieben auf diesem Weg stecken, und einigen ward er auf solche Weise – warum sollen wir es nicht eingestehen? – dauernd verlegt. ... Wir waren von vornherein gleich geneigt zur Liebe wie zum Hass, zur Kritik wie zur Verehrung gegen sie."

Heute, nahezu einhundert Jahre später, können wir über die Ergebnisse neurobiologischer Forschungen den Beweis für das führen, was Freud beschreibt und was wir alle kennen. Unsere Beziehungserfahrungen haben das aus uns gemacht, was wir sind. In den Spiegelneuronen, auch „handlungssteuernde Nervenzellen" genannt, ist die Essenz der Begegnungen abgespeichert. Dieses Resonanzphänomen ist die Grundlage unseres emotionalen Mitfühlens, der Intuition und somit eine wichtige Voraussetzung für unsere eigenen gelingenden (oder auch scheiternden) Beziehungen.

Für ein gutes inneres Selbsterleben und somit auch für das Lernen, brauchen wir direkte, positive und persönliche Kontakte. Sie entscheiden über unseren Zugang zu uns selbst und zur Welt. Sie prägen unser Selbstbild und unseren ganz ureigenen und höchstwahrscheinlich lebenslangen Lernstil.

Und jede Beziehung hat eine natürliche Erotik! Auf dieser Basis, angetrieben von Lust und Fantasien, wird Lernen zur Beziehungsfrage, zur Frage nach Anziehung und Leidenschaft. Erotik macht Lust auf ein Sich-zeigen, ein Sich-einlassen, Sich-hingeben. Es kommt zu dem, was die Säuglingsforschung den „Tanz" nennt: die Bewegung des einen animiert den anderen, beide ziehen sich mit, motivieren sich gegenseitig für die nächste „Drehung", in welcher die einzelnen Impulse für die Bewegungen nicht mehr ganz unterscheidbar sind.

Es gibt ein Spiel der gegenseitigen Wünsche und Hoffnungen. In der erotisch eingefärbten Spannung kann Beziehung starke Interessen und Engagements bewirken, kann neues Leben einhauchen. Denken wir nur an die Filme „Der Club der toten Dichter" oder „Die Kinder des Monsieur Mathieu", in denen das Motivierende eines liebevollen und engagierten Lehrers wunderbar beschrieben wird.

In dieser mitreißenden Intimität steckt natürlich auch die Gefahr der Grenzüberschreitung bis hin zum Missbrauch. So zeigt zum Beispiel der auf Tatsachen beruhende Film „Tagebuch eines Skandals", wie glatt das Parkett ist, auf dem der „Tanz" stattfindet, wie schnell beide Beteiligten ausrutschen, in eine Affäre hineinrutschen können, auch wenn die Rollen und der Verhaltenskodex klar definiert sind.

Gerade weil diese Begegnungen mit sinnlich-geistiger Anziehung im noch nicht sicher eingegrenzten Niemandsland der Schüler zwischen Nähe und Distanz stattfindet, weil nicht nur Stoff vermittelt wird sondern auch eigenes Erleben des Lehrers, seine Interpretation der Welt und sein Umgang mit ihr, können wir verstehen, warum sich in der Literatur so viele Geschichten über die Lehrer finden, vom „Lehrer Hempel" über „Das fliegende Klassenzimmer" und die „Feuerzangenbowle" bis hin zur Weltliteratur mit Tschingis Aitmatows „Der erste Lehrer" und Alfred Anderschs „Der Vater eines Mörders". Neben den Eltern sind die Lehrer über viele Jahre hinweg von entscheidender Bedeutung.

Umso wichtiger, dass in der Lehrerausbildung neben den fachlichen Qualifikationen ein Kriterium besondere Beachtung finden sollte: die Beziehungskompetenz. Denn in einer Zeit der Kommunikation auf Distanz und elektronischer Anästhetika, auseinander driftender Familienstrukturen und zunehmender Beliebigkeit in den Kontakten muss es auch Aufgabe einer Schule sein, den Möglichkeitsraum der Beziehungen an einem sicheren Ort zu „lehren", die Resonanz zum Thema zu machen — im Sinne eines Vorlebens.

Aus meiner Schulzeit sind mir nur meine Bildungslücken erinnerlich.
Oskar Kokoschka

Während meines neunjährigen Eingewecktseins an einem Augsburger Realgymnasium gelang es mir nicht, meine Lehrer wesentlich zu fördern.
Bertolt Brecht

Die Schüler

Schulterschluss

Kinder brauchen Grenzen? Zu kurz gedacht: Kinder erwarten Grenzen! Wenn Kinder kein konturiertes Gegenüber finden, werden sie sich mit der Ausbildung ihrer Identität schwer tun. Voraussetzung ist, dass Eltern und Lehrer von der freundschaftlichen Kumpelebene zu einer autoritativen Haltung finden. Wohlgemerkt: autoritativ, nicht autoritär, denn die offene Kommunikation wird von klaren Standards und Regeln umrahmt. Die Grundlagen des Zusammenlebens erfordern eine klare Vorgabe durch die Erziehungspersonen. Diskussionen dazu sind erst ab einem Alter von ca. 13 Jahren sinnvoll. Denn wenn die Eltern sich nicht als Eltern zeigen, können die Kinder nicht Kinder sein.

In einer immer unübersichtlich werdenden Welt suchen unsere Kinder Klarheit und den Schulterschluss beider Eltern untereinander bzw. zwischen Eltern und Schule, damit sie Orientierung finden können. Dieser Schulterschluss ist das täglich neu anzustrebende Ziel. Je größer die Lücke desto größer die Unverbindlichkeit und Beliebigkeit im Verhalten der Kinder, und die Möglichkeit für Verhaltensauffälligkeiten. Gibt es ein Vakuum, so füllen es die Kinder schnell aus - oftmals überfordert und überlastet, denn Kinder verweisen sowohl in Familien als auch in der Schule mit seismographischer Genauigkeit auf die manchmal kaum wahrnehmbaren „Erschütterungen" und die mangelnde Geschlossenheit in ihrem Beziehungsumfeld. Mit ihrem Verhalten deuten sie dabei auf das Unerledigte und Unausgesprochene. Damit fordern sie von den Erwachsenen: nehmt ernst, was wir Euch zu sagen haben; nehmt Euch dieses Konflikts an; findet eine gemeinsame Lösung.

Die Erwachsenen sind in der Pflicht, Struktur und Atmosphäre vorzugeben; sie bieten den Rahmen für Interaktionen. Dabei ist konsequentes Handeln kein Widerspruch zu Liebe, Einfühlung und Verständnis. Man kann vieles verstehen, muss aber nicht alles gut und richtig finden. Auch wer versteht, sollte trotzdem konsequent handeln!

Kinder erwarten klare Grenzen, eindeutige Vereinbarungen und absehbare Konsequenzen. Das gibt ihnen die notwendige Sicherheit und Zuversicht in die Ressourcen des Systems. Wenn verbindliche Absprachen der Elternteile untereinander bzw. zwischen Eltern und Lehrern ausbleiben, dann werden die Kinder mit immer größerer Eskalation ihrer „Verhaltensauffälligkeiten" den notwendigen Schulterschluss einfordern.

Wenn aktuell Mobbing und Cyber-Mobbing, Unterrichtsverweigerung, Ausgrenzung und Aggressivität wichtige Themen an den Schulen sind, so zeigt es die Notwendigkeit, sich mit den Gründen von Unzufriedenheit, von Verweigerung und mit der Basis des Verstehens auseinanderzusetzen, sowie mit dem pädagogischen Konsens zwischen Eltern und Lehrern und der gemeinsamen inneren Haltung und Vorgehensweise.

Verständnis statt Struktur?

Einfühlung und Verständnis bilden eine wichtige Basis für ein gutes Miteinander. Doch wer dabei versäumt, klare Strukturen zu schaffen, eindeutige Regeln aufzuzeigen und auf deren Einhaltung zu achten, gibt den Kindern keinen ausreichenden Halt. Wer bei eindeutigem Fehlverhalten zuerst diskutiert und zu verstehen versucht und erst danach handelt, verwechselt die notwendige Reihenfolge. Kinder wissen genau: wer viel redet, handelt meist nicht mehr.

Eine permissive Erziehungsideologie basiert meist auf der falschen Annahme, dass ein bestimmtes Verhalten der Kinder aufgrund aktueller Probleme oder Entwicklungsphasen unvermeidbar oder entschuldbar ist. Psychologische Einfühlung führt dann eher zu einer pädagogischen Schonhaltung. Aber wer wird geschont? Schonen sich nicht eher Eltern und Lehrer - wenn auch nur kurzfristig?

Wir müssen unsere Kinder fordern und ihnen auch die Chance geben, sich trotz mehr oder weniger verstehbarer Gründe in den unterschiedlichsten Begegnungen bezogen und angemessen zu verhalten. Erziehung ist nicht nur eine (manchmal) lästige Pflicht der Eltern, es ist auch ein Recht unserer Kinder. Kinder wollen die Erwachsenen nicht als Kumpel!

Welche Sichtweise auch immer eingenommen wird, ob es der Blickwinkel von Pubertät als „Krankheit", von schwierigen Zeiten oder von kritischen Entwicklungsphasen ist, keine Erklärung legitimiert mangelhaftes Benehmen. Auch wir Erwachsenen können problematisches Verhalten nicht dadurch entschuldigen, dass wir vielleicht eine schwierige Kindheit hatten, und daraus das Recht auf Mitgefühl, Schonung oder mangelnde soziale Anpassung ableiten. Für die Aufarbeitung persönlicher Defizite gibt es professionelle Hilfen. Das Leben in einer Gemeinschaft stellt bestimmte Anforderungen an unser Verhalten, denen wir alle, Erwachsene und Kinder, unabhängig von alten Erfahrungen und aktuellen Befindlichkeiten nachkommen müssen. Verständnis darf Struktur nicht ersetzen.

Respekt!

„Essere est respici" - Sein ist gesehen werden! So lautet eine philosophische Weisheit des Mittelalters. Dies bedeutet, dass ich mich selbst nur dann erleben und definieren kann, wenn ich von anderen einen Widerhall erfahre. Es braucht also ein möglichst klares Gegenüber, wenn ich mein eigenes Bild nicht verwaschen, unscharf oder verzerrt gespiegelt bekommen möchte. Dann entsteht in gelingenden Beziehungen das, was der ursprünglichen Bedeutung des lateinischen Wortes „respicere" entspricht: Umsicht, Rücksicht, Achtung, Gegenseitigkeit und Wertschätzung. Disziplin ist dann nicht Dressur sondern Achtung für den Lebensraum des anderen.

Grundvoraussetzung ist dabei der Respekt, besonders vor der Andersartigkeit. Denn die „Freiheit ist die Freiheit des Andersdenkenden" (Rosa Luxemburg). Gerade das - auf den ersten Blick oftmals - Unverständliche im anderen braucht unseren besonderen Respekt. Doch leider ist Respektlosigkeit ansteckend. Sie greift zunehmend um sich, ob in Fernsehsendungen, im Internet, besonders aber in den unterschiedlichen Gruppierungen der Jugendlichen. Dabei gerät der Umgangston schnell in einen negativen Strudel und mündet in verächtliche Äußerungen, Sarkasmus und abschätzigen Humor. Diese Verhaltensweisen wirken bei den Betroffenen, wie neurobiologische Untersuchungen zeigen, direkt auf das Schmerzzentrum im Gehirn.

Wenn es Ziel einer Gemeinschaft ist, einen Lebensraum zu schaffen, in dem sich jeder einzelne gut fühlen und entwickeln kann, dann bedeutet das gemeinsame Verantwortung. Dann muss auch Respekt eingefordert werden. Denn alle Beteiligten sind in der Pflicht, Grenzen zu ziehen, wo der

Raum gesellschaftlich akzeptablen Verhaltens verlassen wird. Es braucht eine klare, entschlossene und gewaltlose Vorgehensweise, um konstruktives Verhalten zu begünstigen. Es gilt das Prinzip Antwort.

Alles Pubertät – oder?

„Pubertät ist, wenn die Eltern schwierig werden", „Pubertät ist, wenn die Schule versagt", „Pubertät ist, wenn die Kinder das letzte Wort haben"... Wie auch immer Ihre ganz persönliche Definition von Pubertät aussieht, allen ist bewusst, dass es für die Pubertierenden und diejenigen, die mit ihnen zu tun haben, eine schwierige Zeit ist.

Neurobiologische Forschungen zeigen deutlich, dass die Adoleszenz eine zentrale Entwicklungsperiode darstellt, in der sich die funktionelle Architektur des Gehirns grundlegend verändert. Bestimmte Aktivitätsmuster reifen erst vollständig in der späten Adoleszenz heran. Dieser Reifungsprozess endet bei den jungen Frauen mit etwa 21 Jahren, bei den jungen Männern mit 23 Jahren.

Die vorübergehende Destabilisierung kortikaler Netzwerke führt zu dem, was wir im Kontakt mit Pubertierenden an Widersprüchlichem kennen: Stimmungsschwankungen, Launenhaftigkeit, Streitereien, nervendes Verhalten. Dabei streben die jungen Menschen nach Kompetenz, Selbstwirksamkeit und Selbstachtung, haben gleichermaßen hohe Ansprüche und Bindungsängste, wechseln zwischen Grandiosität und Depressivem. Sie idealisieren die eigene Person und spüren gleichzeitig ihre Unfertigkeit, haben Angst vor dem Verschlungenwerden, aber auch vor dem Verlassenwerden. Sie möchten Loslösung und Unabhängigkeit von den als unvollkommen erlebten Elternpersonen, haben aber auch den Wunsch nach weitergehender Förderung und Zuwendung.

Nun kann Pubertät auch aus einem anderen Blickwinkel heraus betrachtet werden: in einer Gesellschaft, die aufgrund langer Lernzeiten eine protrahierte Kindheit mit sich bringt und keinen Initiationsritus für den Übergang vom Kindsein zum Erwachsenenalter kennt, werden auch nicht die Aufgaben und Verantwortungen eingefordert, die in anderen Kulturen das Ende der Kindheit bedeuten. Von da ab wird die Verantwortung für das eigene Leben zunehmend in die Hände der Kinder gelegt.

Doch in den letzten Jahrzehnten wurde in unserem Kulturkreis die Kindheit immer weiter verlängert. Der biologische und der soziale Erwachsenenstatus driften immer weiter auseinander. Wobei interessant ist, dass die psychopathologischen Auffälligkeiten in dem Maße zunehmen, in dem die Jugendlichen entmündigt werden. Jugendliche sollten deswegen die Chance bekommen, Verantwortung zu übernehmen. Denn die Pubertät endet für viele erst dann, wenn sie das Elternhaus verlassen.

Welche Sichtweise auch überzeugender erscheint, für beide ist entscheidend, dass klare äußere Strukturen wichtig sind und kommuniziert werden müssen, um eine gute innere Struktur auszubilden. Denn Jugendliche sind orientierungsbedürftig und suchen die Auseinandersetzung, um die eigenen Grenzen zu spüren und die eigene Identität entwickeln zu können. Vor allem die Jungen suchen die Grenzen über Imponiergehabe, gefährliche Unachtsamkeit und hohe Gewaltbereitschaft. So kommt es vermehrt zu tödlichen Unfällen. Die Wahrscheinlichkeit zu sterben, der sogenannte „accident hump", steigt mit Beginn der Geschlechtsreife steil an und Suizid ist die zweithäufigste Todesursache bei Jugendlichen. Häufigste Gesundheitsprobleme sind nach Unfällen und Verletzungen die neuropsychiatrischen Störungen (Suchtmittelmissbrauch, Depressionen, Schizophrenien). Und gerade in dieser sensiblen Phase wird über die Kompression der G8-Gymnasien zusätzliche Stressbelastung durch Leistungsdruck erzeugt.

Freiheit zum Scheitern

Der ehrgeizige Baron von Robert möchte aus seinem Sohn Carl einen Gelehrten machen und versichert sich dabei der Hilfe des Dorfschulmeisters Kinderschreck, für den auch körperliche Züchtigung zu einer strengen Erziehung gehört. Doch Carl hat viel mehr Interesse an seiner Cousine Elisa als am Lernen. Und nach einigen Wirren siegt dank der verständnisvollen Hilfe von Kammerdiener Luftig die Liebe über den Leistungsdruck.

So viel zur Handlung von Felix Mendelssohn-Bartholdys Oper „Die zwei Pädagogen", uraufgeführt im Jahr 1821 in Berlin. Sie zeigt uns das tägliche Dilemma im Motivationskampf mit Jugendlichen. Für viele von ihnen ist die Schule hauptsächlich der Ort, an dem sie endlich wieder mit ihren Kumpels zusammen sein können, mit denen sie sich auch meist außerhalb treffen, persönlich oder in den sozialen Netzwerken.

Nun ist die Peergroup, an deren Idealen sich die jungen Leute orientieren wollen, in den Augen mancher Forscher wesentlicher für die lebensweisende Entwicklung als das Elternhaus. In einer Zeit der Ablösung, der beruflichen Orientierung und Entwicklung einer sexuellen Identität gibt die Gruppe der Gleichaltrigen entscheidende Impulse. Eltern müssen sich stärker zurücknehmen, auf das besinnen, was der südafrikanische Schriftsteller Coetzee als ihre wesentlichste Aufgabe benannte: lieben und dienen!

Das kann auch bedeuten, dass Eltern schweren Herzens von eigenen Vorstellungen für das Leben ihrer Kinder Abschied nehmen müssen. Und auch die Lehrer müssen akzeptieren, dass vorhandene Ressourcen nicht genutzt werden. Wenn wahre Freiheit gemeint ist, dann beinhaltet sie auch die Freiheit zum Scheitern. Wobei die Frage ist, was Scheitern bedeutet. Ist es oft nicht eher die Nichterfüllung elterlicher Delegationen? In den letzten Jahrhunderten wurde die Kindheit immer mehr verlängert, musste immer weniger Verantwortung für das eigene Leben übernommen werden. Das angelegte Streben nach Kompetenz, Selbstwirksamkeit, Selbstachtung und Wertschätzung wird in der „Generation Praktikum" durch zu lange existenzielle Abhängigkeiten stark behindert. Die Schule bietet nur wenig Förderndes für die persönliche Reifung und Stabilität.

Für manche Forscher sind pubertäre Verhaltensauffälligkeiten Ausdruck der verlängerten Kindheit. In anderen Kulturen, in denen über einen Initiationsritus die Zugehörigkeit zur Welt der Erwachsenen geregelt ist, werden altersgemäß Verantwortungen übernommen und eine bessere Einbindung in die soziale Gemeinschaft erreicht, während bei uns Jugendliche und meist auch noch Studenten in nicht selbstbestimmten Situationen verhaftet bleiben.

Hinzu kommt die Ablösungsschuld. Denken wir nur an die 2. Strophe von „Hänschen klein": die Mutter kann Hänschen nicht loslassen und weint, darum kehrt er zurück. So bleiben manche Adoleszente in einer verlängerten Kindheit verhaftet, lösen sich nicht oder nur unzureichend. Und möglicherweise ist diese "Nicht-Entwicklung " problematischer : es gibt keine wirklich guten, vertrauten Beziehungen zu Gleichaltrigen, nur ein lauwarmes, windstilles Dahinleben mit eingeschränkter emotionaler Schwingungsbreite, keine Ideen, was nach dem Ende der Schulzeit begonnen werden möchte. Es sind diese "Stilltherapierten", die Anlass zu Sorge geben, die ziellos lernen und halbherzig leben.

Deutliche Konturen

Hannah kam zu mir in Therapie, weil sie sich in Familie, Schule und Freundeskreis nicht richtig heimisch fühlen konnte. Sie hatte das Gefühl, sich selbst nicht richtig spüren zu können, erlebte sich „verschwommen und diffus". In einer Beratungsstunde schimpft sie vehement über ihre Eltern, weil diese die getroffenen Vereinbarungen nicht einhalten. Dabei war die Abmachung ganz eindeutig: Handykosten werden bis zu einer bestimmten Höhe monatlich von den Eltern übernommen.

Auch im letzten Monat hatte Hannah für wesentlich mehr Geld telefoniert. Doch die Eltern, die sie mit der Rechnung konfrontieren, sagen wieder das Gleiche, als sie den Differenzbetrag von ihrem Taschengeld bezahlen will: „Lass gut sein, das passt schon!"

Aber Hannah passt es eben nicht. Sie ist sauer, denn sie will Klarheit und Verlässlichkeit. Genau das wird ihr aber verweigert. Wie soll sie ihren Platz im Leben finden, sich selbst definieren, wenn die Eltern ihr als konturiertes Gegenüber nicht zur Verfügung stehen? Warum soll sie vor verschwommenen und diffusen Eltern Respekt haben?

Was in Hannahs Familie verstehbar wird, kann auch über die ähnliche Erfahrung mit einer Schule bestätigt werden, die lange für Probleme mit Disziplinlosigkeit und Gewalt bekannt war. Der neue Direktor hat diese Thematik sofort zur Chefsache gemacht. Weil die alte Hausordnung nicht griffig genug war, erarbeitet eine kleine Gruppe von Lehrern, Eltern, Schülern und der Schulsozialarbeiterin unter seiner Leitung eine neue: klar, eindeutig und umsetzbar. Die Unterschriften aller Lehrer, aller Eltern und aller Schüler bestätigen die Verpflichtung auf die Umsetzung.

Und der Erfolg? Deutlich mehr Respekt und Wertschätzung für die Lehrer – schon bevor die neue Schulordnung überhaupt in Kraft trat! Was zu folgendem Aufruf an Lehrerkollegium und Eltern veranlasst:
Werden Sie unbequem! Treffen Sie unliebsame Entscheidungen! Riskieren Sie es, vorübergehend unbeliebt zu werden! Denn Respekt und Wertschätzung erwirbt nur, wer sich als konturiertes Gegenüber zeigt.

Achte auf deine Gedanken, denn sie werden Worte.
Achte auf deine Worte, denn sie werden Handlungen.
Achte auf deine Handlungen, denn sie werden Gewohnheiten.
Achte auf deine Gewohnheiten, denn sie werden dein Charakter.
Achte auf deinen Charakter, denn er wird dein Schicksal.
Talmud

Einige neurobiologische und psychologische Anmerkungen zu Gehirnentwicklung, Medienkonsum und Lernen

Die Grundstruktur unseres Gehirns ist im Wesentlichen durch die Gene vorgegeben. Der Gesamtplan kann jedoch durch Umwelteinflüsse maßgeblich modifiziert werden. Dabei sind unzählige Organisationsmuster möglich. Denn Ereignisse, Erlebnisse und Lebensstil steuern die Aktivität von Genen und bestimmen, wie sich unsere Neuronen miteinander verbinden und sich Hirnstrukturen verändern. Das Gehirn beträgt zwar nur 2,5% unseres Körpergewichts, aber es verbraucht 20% der zugeführten Energie. Es kann nicht mit einer Festplatte für Datenspeicherung verglichen werden, weil es sich selbst flexibel an die Gegebenheiten anpasst und mit den Informationen völlig neue Verknüpfungen schafft.

Das Gehirn lernt immer! Doch was? Wir sollten es mit guter „Nahrung" versehen, mit guten äußeren Bildern, die zu guten inneren Bildern werden können. Der durchschnittliche Deutsche verbringt im Laufe seines Lebens etwa 2 Jahre im Traum. Aber er sitzt 13 Jahre seines Lebens vor dem Fernseher. Jugendliche verbringen heute im Tagesdurchschnitt mehr Zeit vor einem Bildschirm (Computer, Fernseher, Playstation, Handy) als in der Schule. Auf das Jahr umgerechnet hat jeder Schüler im Schnitt 3 Stunden Unterricht pro Tag. Aber Jungen sitzen 4:30 Stunden, Mädchen 4:10 Stunden vor einem Bildschirm. Viel Junkfood für die Nervenzellen, wenn es um die üblichen Fernsehserien, Krimis, Zeichentrickfilme, Spiele und selbstgemachten Videos geht.

Zeitlebens werden neue Nervenzellen gebildet. Aber diese wachsen nur dann zu funktionstüchtigen Neurone heran, wenn Anregungen und Aktivität geboten werden; und bei Meditation sowie körperlicher Bewegung! Dies fördert nämlich ebenso die Neubildung und **Vernetzung**. Wer also körperlich und geistig aktiv ist, wer innerlich und äußerlich beweglich bleibt, kann sogar, wie neuere Untersuchungen zeigen, Alzheimer-Ausfälle wesentlich länger kompensieren. Unser Gehirn besitzt eine unbegrenzte Lernfähigkeit. Und weil es Vermittler zwischen unserem inneren Milieu und der Umwelt ist, sollten wir es fordern und fördern. „Use it or lose it" sagen die amerikanischen Neurobiologen. „Der Übergang vom Affen zum Menschen sind wir", sagt Konrad Lorenz.

Über Lernen und Erfahren werden Bahnungen geschaffen, die die biologischen Strukturen des Gehirns verändern. Jede neue Erfahrung erzeugt im Gehirn ein Aktivierungsmuster. Es kommt zu Verschaltungen, die später als Erinnerungsbilder genutzt werden, um sich in der Welt zurechtzufinden. Jedes Neuron kann mit bis zu 20.000 anderen Neuronen verbunden sein. Je größer der Input, desto mehr Verbindungen werden geschaffen - Ausdruck einer gesteigerten Vielfalt und inneren Vernetzung. Diese Neuroplastizität besteht bis ins höchste Alter.

Dabei beginnt der Prozess der neuronalen Vernetzung bereits im Mutterleib. Schon hier werden z.B. Stimmungen, Gerüche, Geschmacksvarianten, Musik etc. abgespeichert, die später sogar wieder aktiv aufgesucht werden (z.B. ähnliche Lebensmittel, wie sie die Mutter während der Schwangerschaft oft gegessen hat; oder Musik, die bereits in der Schwangerschaft mitgehört wurde). So wird das Gehirn bereits pränatal zu einem Abbild der Verhältnisse, unter deren Einfluss es sich ausgebildet hat. In der Zeit nach der Geburt wird diese Ausbildung und Spezialisierung des Gehirns immer intensiver. Bis zum Beginn der Pubertät bestehen etwa doppelt so viele neuronale Verbindungen wie im

Erwachsenenalter. Je komplexer die Umwelt, umso größer ist die Zahl der Synapsen. Was jetzt nicht mehr genutzt wird verfällt.

Die im Laufe des Lebens erworbenen und verankerten Verschaltungsmuster sind eine Ordnung stiftende Matrix, die uns bei der Bewältigung innerer und äußerer Probleme hilft. In den jeweiligen Kulturkreisen werden damit unterschiedliche Fähigkeiten und Fertigkeiten erlernt und neuronal abgebildet, um sich in den entsprechenden Gemeinschaften zurechtzufinden (z.B. unterscheiden Urwaldkinder ca. 100 verschiedene Grüntöne, Inuit viele unterschiedliche Arten von Schnee). Die Wahrnehmung wird durch die abgespeicherten kollektiven Erfahrungen, Vorstellungen und Überzeugungen („Ahnenschatz") zu inneren „Erwartungsbildern". Sie bestimmen, wie die Umwelt eingeschätzt und interpretiert wird. Und auf molekularer Ebene führen Erfahrungen sogar, wie wir heute nachweisen können, zu neuen Gensequenzen, die dann vererbt werden.

Mit Beginn der **Pubertät** verringert sich die Anzahl der Vernetzungen deutlich, und erreicht dann mit 15 Jahren seine endgültige Größe. Das Überangebot, das bis dahin geschaffen wurde, wird nun durch zunehmende Spezialisierung ausgedünnt. Es wird nur das weiterentwickelt, was auch benutzt wird. Die Hirnreifung ist allerdings erst mit etwa 21 Jahren bei den jungen Frauen und mit 23 Jahren bei den jungen Männern abgeschlossen. Es gibt also über etwa 10 Jahre hinweg eine große Baustelle, was sich in den entsprechenden Problemen zeigt. Als letztes reift nämlich ein Hirnareal, der Frontallappen, der unter anderem für Einfühlung in andere, vorausschauende Handlungsplanung und Problemlösung wichtig ist, also für die emotionale und soziale Kompetenz. Der Einfluss zwischenmenschlicher Beziehungserfahrungen ist dabei nicht nur für das gesellschaftliche Miteinander entscheidend, sondern auch für den lebenslangen eigenen Umgang mit Stress, die Immunabwehr und körperliche Erkrankungen bis hin zum Burnout-Syndrom.

Weil Jugendliche in dieser Phase des Umbaus und der zunehmenden Spezialisierung des Gehirns eher instinktiv als „reif" reagieren, ist es Aufgabe der Eltern und der Schule, immer wieder das zu repräsentieren, was während der Adoleszenz dann hoffentlich bleibend verankert wird: Leitbilder, Ziele, Orientierungen, Vorausplanen, Impulskontrolle, Empathie sowie eine sichere emotionale und soziale Kompetenz. Die Erwachsenen müssen die Funktion der noch nicht ausgereiften Frontallappen jahrelang übernehmen, damit aus Psychologie Biologie werden kann.

Anfang der 1990er Jahre machte die Forschungsgruppe um Giacomo Rizzolatti in Parma eine sensationelle Entdeckung. In einer Versuchsanordnung mit Affen waren Nervenzellen mit feinsten Messelektroden versehen worden. Diese „feuerten", wenn ein Affe nach einer Nuss griff. Dann bemerkte man plötzlich, dass bei einem zuschauenden Affen die gleichen Neuronen aktiviert wurden. Dies führte zur Entdeckung des Areals der sogenannten **Spiegelneuronen**, auch handlungssteuernde Nervenzellen genannt. Sie speichern Handlungs-/Beziehungserfahrungen, die wir an anderen Menschen beobachten, so ab, dass wir das Gesehene selbst fühlen und auch nachahmen können. Wir können dadurch auch Informationen über den wahrscheinlichen Ausgang einer von anderen begonnenen Handlung gewinnen. Dieses „Resonanzphänomen" ermöglicht uns auch eine intuitive Einfühlung und emotionales Mitfühlen, Voraussetzung für gelingende Beziehungen.

Wir lernen also am Modell und sind dann in der Lage, die gewonnenen Erfahrungen zu imitieren. Dies funktioniert jedoch nur in der direkt miterlebten Beziehung mit Lebewesen und kann nicht simuliert werden. Erklärungen und Schilderungen führen nicht zu diesen „Eindrücken". Wir müssen erst einmal gezeigt bekommen, was möglich ist. Denn was wir nicht gesehen/"wahr"genommen haben, kann von uns auch nicht erkannt werden (so konnten die mittelamerikanischen Bewohner die Schiffe der spanischen Eroberer nicht „erkennen").

Wir nehmen nie alles wahr, sondern nur das, was zu den bisher abgespeicherten Vorstellungen und Erwartungen passt. Erst wenn wir von etwas ein Bild haben, d.h. wenn wir mehrmals das Gleiche oder etwas Ähnliches beobachtet oder erlebt haben, können wir es in unser Erfahrungs- und damit Möglichkeitsrepertoire aufnehmen. Ein einzelner schwacher Eindruck hinterlässt keine signifikanten Spuren.

In der persönlichen Begegnung mit einem sympathischen Gegenüber wird z.B. die gleiche Körperhaltung eingenommen, werden beim Anblick von Fotos die gleichen Gesichtsmuskeln aktiviert. Über das körperliche Nachempfinden kann man sich in die Emotionen des anderen einfühlen. Die Verliebten denken mit den gleichen Hirnarealen an den geliebten Partner wie an sich selbst.

Und die zärtlichen Worte der Liebenden finden ihren inneren Niederschlag im Gehirn des anderen, denn Spiegelneurone werden nicht nur in der direkten Beobachtung sondern auch über das Hören aktiviert, wenn zuvor emotional eingefärbte Bilder damit verknüpft wurden. Worte haben einen besonderen Zugang zu diesen Nervenzellen und der Fähigkeit zum Mitfühlen. Darum können aus neurobiologischer Sicht Gedanken, Worte und Taten gleichgesetzt werden.

Für ein **gutes inneres Selbsterleben**, und auch das Lernen, brauchen wir also direkte, positive persönliche Kontakte. Eine Kommunikation auf Distanz oder frühkindliche Mangelerfahrungen von Nähe, Sicherheit und Zuversicht können keine guten zwischenmenschlichen Beziehungserfahrungen im Gehirn abbilden. Das führt nur zu einer inneren Verarmung und damit zu einem unzureichenden Schutz gegen seelischen und körperlichen Stress. Wenn Schüler und Lehrer in einem gemeinsamen „Resonanzraum" arbeiten, wenn Lehrer und Eltern „Beziehungskompetenz" haben und

vermitteln können, dann entsteht bei den Kindern Lernbe-
reitschaft. Dann können angeborene Fähigkeiten wie Neugier, Entdeckerfreude und Lust am Gestalten gefördert werden, kann Vertrauen und Zuversicht weiter wachsen und ein
inneres Selbstwirksamkeitskonzept Gestalt annehmen.

Alle wissenschaftlichen Erkenntnisse für die persönliche
Weiterentwicklung und das Glücklichsein sprechen für die
Notwendigkeit guter Beziehungsgestaltungen und ein konsequentes und ausdauerndes Training unseres Denkapparates.
Denn das Unbewusste lernt sehr langsam. Wenn wir etwas
Neues erlernen wollen, so ist es wie mit dem Erwerb einer
neuen Fremdsprache: es ist anfangs mühsam, geht dann
immer schneller und erfordert möglichst tägliche Übung bis
die entsprechenden Bahnungen und Verknüpfungen geschaffen sind. Der Alltag ist die Übung!

Wenn aber immer das gleiche schlechte Hirnfutter angeboten, konsumiert und verdaut wird, findet dies besonders bei
noch in der Entwicklung befindlichen Gehirnen und entsprechenden gesellschaftlichen Strukturen seinen Niederschlag. Denn das Gehirn will mehr. Es möchte immer wieder
neue Reize und Herausforderungen. Routine jedoch führt
zum langsamen Abbau der neuronalen Verbindungen.

Die Suche nach immer neuen Kicks führt auch zu immer
größeren Wünschen nach „Angstlust" (Balint, 1960), die den
Schauder über den Rücken laufen lässt: täglich sind im Fernsehen Profiler-Serien zu sehen, in denen es um brutale Mor-
de durch Täter mit meist pathologischen Persönlichkeitspro-
filen geht. Diese Folgen wurden in den letzten Jahren immer
beliebter, und da die Nachfrage das Angebot bestimmt, werden immer mehr Sendungen mit dieser Thematik ausge-
strahlt. Dabei ist eine Tendenz zu immer größerer Gewalt
wegen der gleichzeitig immer stärker werdenden Abstumpfung der Zuschauer festzustellen. Die Faszination ist so groß,
dass sich mittlerweile bereits 16-jährige bei den gerichtspa-
thologischen Instituten für ein „Praktikum" melden und

Gerichtsmedizin zu einem immer häufiger genannten Berufswunsch geworden ist. Aus der vorgesetzten Fiktion heraus wird die entsprechende Realität aufgesucht.

Handlungen, die bei großer emotionaler Beteiligung zum ersten Mal wahrgenommen oder miterlebt werden, hinterlassen besonders bei Heranreifenden intensive Eindrücke in den Spiegelneuronen. Handelt es sich dabei um etwas, das sie bislang noch nie erfahren haben, so wird es ins potenzielle **Handlungsrepertoire** aufgenommen. Die noch beim Kleinkind vorhandene Tendenz, Gesehenes sofort nachzuahmen, wird im Laufe der Reifung zwar zunehmend durch neurobiologische Systeme gehemmt und findet nach der Pubertät meist ein Ende. Das Erlebte oder Gesehene kann jedoch in bestimmten Stresssituationen als handlungssteuernde Variante umgesetzt werden. So ist heute in den USA die häufigste Todesursache für Männer im mittleren Alter Mord. Denn in Bedrohungssituationen ist nicht das entscheidend, was mit den Sinnesorganen wahrgenommen wird, die Handlungen werden vielmehr dadurch bestimmt, welche inneren (Vor)bilder über das Wahrgenommene getriggert werden. Die Handlungsantwort orientiert sich fast ausschließlich an den abgespeicherten Vorerfahrungen. Und wenn viel Gewalt erfahren und miterlebt wurde, ist Gewalt als Verhaltensmöglichkeit in den neuronalen Netzen fest verankert.

Spiegelneurone sprechen hauptsächlich auf lebende handelnde Personen an, also auch auf Situationen, die in den Medien wie Film und Fernsehen zu sehen sind. Eine neurobiologische Resonanz erzeugen aber auch moderne PC-Spiele, deren virtuelle Welten von unseren Realitäten kaum noch zu unterscheiden sind. Das häufige Anschauen gewalttätiger Szenen erhöht, so zeigen die aktuellen wissenschaftlichen Untersuchungen, die Wahrscheinlichkeit, dass die Beobachter diese Handlungen selbst ausführen.

Einige aktuelle wissenschaftliche Untersuchungsergebnisse in Kürze:

- Fernsehen im Vorschulalter führt zu schlechteren Leistungen im Lesen und Schreiben. Wenn die Kinder weniger intelligent sind, ist dieser Effekt besonders stark. Häufig gesehene Gewaltdarstellungen führen außerdem zusätzlich zu Verhaltensstörungen.

- Neben den psychischen Folgen des Medienkonsums ist ein Zusammenhang mit folgenden Krankheiten nachgewiesen: Übergewicht, Schlafstörungen, Aufmerksamkeits-Defizit-(Hyperaktivitäts)-Syndrom, trockene Augen, Kopfschmerzen und Lichtempfindlichkeit (Computer Vision Syndrome) durch das lange Bildschirmstarren

- Das Anschauen von Gewaltszenen in der Kindheit erhöht die Wahrscheinlichkeit signifikant, später selbst mit dem Gesetz in Konflikt zu kommen. Wer Gewalt sieht, wird später leichter auf dieses Repertoire zurückgreifen.

- Ein heute 18-jähriger hat im Verlauf seines Lebens etwa 200.000 Gewalttaten im Fernseher, Computer, Gameboy etc. gesehen. Noch erschreckender ist dabei, dass in etwa drei Viertel dieser Situationen die Täter ungestraft davon kamen. Auch dies wird zu einem inneren Erfahrungsschatz, an dem sich Handlungsantworten orientieren. In weniger als 5% wird in den Szenen übrigens eine gewaltlose Alternative aufgezeigt.

- Für den Zusammenhang zwischen dem Anschauen gewalttätiger Szenen und nachfolgender Gewaltbereitschaft gibt es eine ähnlich hohe Effektstärke wie für Rauchen/Lungenkrebs. Die ist übrigens bei Nachrichtensendungen besonders hoch!

- Es konnte nachgewiesen werden, dass nicht nur die Computerspiele die Gewaltbereitschaft erhöhen, weil auf primitive Verhaltensmuster zurückgegriffen wird (es wird da gehandelt, wo die Kommunikationfähigkeit endet) sondern so, wie es auch in anderen Lebensbereichen ist: jeder sucht sich Partner, Freunde, Bücher, Filme usw., die der aktuellen psychischen Befindlichkeit entsprechen. Wer also Aggressivität in sich trägt, sucht die entsprechenden Computerspiele aus – Gewaltbereitschaft führt zu noch mehr Konsum der entsprechenden TV-Sendungen oder Computerspiele.

- Als Ursache für die Gewaltbereitschaft wird vor allem eine mangelnde Sinnerfüllung gesehen, häufig gepaart mit wenig sozialer Anerkennung und mangelnder Integration; außerdem Leistungsdruck, schlechte berufliche Perspektiven, mangelnde Kommunikation im Elternhaus und Desinteresse bzw. Mangel einer konsequenten Erziehung.

- Gewalt spricht instinktähnlich eine besondere Aufmerksamkeitszuwendung an. Man kann kaum anders, als hinzuschauen. Darum sitzen besonders Kinder manchmal wie gebannt vor dem Fernseher, blinzeln auch bei schrecklichen Szenen noch durch die vorgehaltenen Hände.

- Die emotionale Abstumpfung gegenüber Gewaltdarstellungen kann anhand der nachlassenden Herzfrequenz gemessen werden. Kinder, die viel fernsehen, lassen sich auch durch Actionszenen immer weniger aus der Ruhe bringen. Sie haben dann auch im Unterricht eine Pulsfrequenz nahe der Schlafgrenze und können von den Lehrern nur noch schlecht erreicht werden, es sei denn über hollywood-ähnliche Effekte und aktivste Animation; Stichwort „Edutainment" (Spitzer, 2010).

- Die emotionalen Reaktionen auf die angebotenen Reize werden desensibilisiert. Es kommt zu einer immer stärkeren Abstumpfung gegenüber den beobachteten Szenen und damit zu einer Persönlichkeitsveränderung, die sich in aggressiverem Verhalten, Aussehen, Überzeugungen und Neigungen zeigt.

- Neu Gelerntes ist noch labil, leicht störbar bzw. löschbar. Erst im Schlaf werden die Einzelheiten wieder aufgerufen, nachverarbeitet, gefestigt und in den Langzeitspeicher der Großhirnrinde transferiert. Es kann je nach der Menge des Gelernten über Wochen und Monate gehen, bis es in der Großhirnrinde (Cortex) fest verankert ist. Der Zwischenspeicher (Hippocampus) lernt zwar schnell, hat aber nur eine kleine Kapazität (Kurzzeitgedächtnis). Die Großhirnrinde lernt sehr langsam, hat aber eine unerschöpfliche Kapazität. Wird nun am Nachmittag zu viel Neues, Aufregende geboten, so kann einiges des am Vormittag Gelernten wieder gelöscht/überschrieben werden, bevor es ins Langzeitgedächtnis transferiert werden konnte.

Das Miterleben von Gewalt in Fernsehen und Computer führt also aufgrund unserer neurobiologischen Ausstattung zu immer mehr Gewalt in Gedanken, Worten und Taten.

Die kollektiven inneren Bilder, die eine Gemeinschaft im Verlauf einer langen Zeit gemeinsam durch ihre Erlebnisse entwickelt hat, enthalten die Vorstellungen, Überzeugungen und damit die Erwartungen an die umgebende Welt. Eine aggressiv getönte innere Welt führt zur Erwartung aggressiver Erfahrungen und über die sich selbst erfüllende Prophezeiung auch zu deren „Erfüllung". Die innere Erwartung einer positiven Resonanz ist genau an solche jahrelange Vorerfahrung geknüpft.

Im Zusammenhang mit den brutalen Überfällen, wie sie in den Medien fast täglich berichtet werden, kommen Politiker mit vielen Vorschlägen, wie das Problem zu lösen sei. Eine schnelle Änderung selbst bei aktiver Zuwendung an einzelne ist aus neurobiologischer Sicht nicht zu erwarten. Denn selbst ein kontinuierlicher, friedvoller und auf Beziehung ausgelegter „Input" ist gemessen an der „Verdrahtung" der höheren Hirnregionen minimal. Der Effekt neuer Erfahrun-

41

gen ist gemessen am internen Geschehen nur wie ein Tropfen auf einen heißen Stein (auf eine auf- bzw. ableitende Faser kommen ca. 5 Millionen Fasern in der Großhirnrinde). Veränderungen in den seit langer Zeit angelegten Bahnungen dauern deshalb Jahre. So zeigen die Rollenspielerfahrungen mit Gewalttätern in Gefängnissen, dass es enorm viel Zeit braucht, bis überhaupt eine Einfühlung in die Situation des Opfers zustande kommt.

Strafe führt nicht zu einer bleibenden Veränderung neuronaler Verschaltungen. Zwar konnten Erfahrungen mit dem Jugendarrest zeigen, dass nachfolgend eher Zurückhaltung geübt wird, aber die innere Verhaltensmöglichkeit Gewalt bleibt bestehen, da keine neuen Bewältigungsstrategien für Konfliktsituationen erlernt wurden. Das „Umprogrammieren" ist ein sehr langfristiger Prozess, denn alternative Verhaltensmöglichkeiten müssen über lange Zeit kontinuierlich und immer wieder in leicht veränderter Form angeboten und eingeübt werden; man muss den (potenziellen) Straftätern also immer auf den Fersen bleiben, immer wieder alternative Verhaltensmöglichkeiten aufzeigen - Sozialarbeit als Dauerleistung.

Lehrer, unterrichtet weniger, damit die Schüler mehr
lernen.
Johannes Amos Comenius

Es ist mein ganzes Streben, alles in der Schwebe zu
lassen, in einer bewegten Ordnung, um so zu vermeiden, dass unsere Gemeinsamkeit gleich wieder
zur Akademie erstarrt. Die Aktiva sind vorerst sehr
gering, aber die Gemüter sind aufgelockert, empfin-
dungsbereit und in erregter Spannung, und das will
mir zunächst das Wichtigste erscheinen.
Walter Gropius in einem Brief an Ferdinand Kramer

Die Organisation

Organisation und Beziehung

Wir müssen alle immer wieder die Erfahrung machen, dass
sich beim Versuch einer Beziehungsklärung die Beziehung
meist nicht klärt! Denn häufig kommt es eher zum Austausch der schon oft wiederholten und hinreichend bekannten Sätze. Gelegentlich werden sie dann noch mit sog. Zu-
schreibungen gespickt: "Das kenne ich schon von dir!" - „So
reagierst du immer, wenn...!" - "Jetzt sagst du bestimmt
gleich wieder...!"

Was aber kann in Beziehungen hilfreich sein? Was kann
Handlungsfähigkeit fördern? Ob in privaten Beziehungen
oder am Arbeitsplatz: es geht stets um Klarheit und Transparenz. Dies lässt sich am besten erreichen, wenn drei struktu-
relle Bereiche möglichst eindeutig geregelt werden:

-Zielvereinbarungen und Entscheidungsstrukturen
-Umgangsformen und Kommunikationsvereinbarungen
-Kompetenzbereiche und Abgrenzungen

Über die Beachtung und verbindliche Einhaltung dieser Essentials können die meisten "unfallträchtigen Kreuzungen" entschärft werden. So wachsen die Chancen für ein gutes Miteinander, das unabhängig von Sympathien ist.

Vom rechten Umgang mit Problemen

Röntgenbilder schaffen keine Heilung! Oder, für Therapeuten formuliert: Erkenntnis allein hat keinen therapeutischen Wert! Ein karpfenhaftes Gründeln in den Sedimenten eines ohnehin schon trüben Teiches führt nicht zur Klärung sondern eher zu einer noch mehr eingeschränkten Sicht. Modernes Vorgehen in Therapie und Coaching ist dadurch gekennzeichnet, dass gefragt wird, welche Ressourcen aktiviert oder bereitgestellt werden können, damit die Hürde, die es aktuell zu überspringen gilt, genommen werden kann.

Die Fragen, deren Beantwortung für ein Weiterkommen hilfreich sein kann, sind:

- Welche aktuellen Hürden gilt es zu nehmen?
- Was hindert am Weiterkommen?
- Was hat in einer ähnlichen Situation schon einmal geholfen?
- Welche inneren und äußeren Ressourcen können aktiviert werden?
- Was kann sonst noch helfen?
- Woran werde ich erkennen, dass ich das Ziel erreicht habe?

Eine mentale Einstellung, die sich am Ziel orientiert, ist besonders hilfreich: Wie sieht das Ziel aus? Ein genaues

„Zielfoto" im Kopf, wird dabei helfen, die notwendigen inneren Ressourcen bereitzustellen, die zum Erreichen notwendig sind. Oder, wie es der ehemalige Bundesfinanzminister trotz massiver wirtschaftlicher Probleme ausdrückte: „Wir sind verliebt ins Gelingen."

Die Lösung ist das Problem

Oftmals bringen Sponti-Sprüche in subversiver Klarheit die Dinge lebensnah auf den Punkt. Hier einige meiner Lieblings-Sprüche: Nieder mit der Schwerkraft, es lebe der Leichtsinn! Der Regenwurm wird sehr vermisst, weil er heute Angeln ist! Es gibt ein Leben vor der Rente! Die Realität ist die Ausrede der Fantasielosen!

Womit wir beim Thema wären, nämlich bei der Frage, ob intensive und an der Wirklichkeit orientierte gedankliche Anstrengungen immer zu einer Lösung führen? Verhindern sie nicht sogar manchmal, dass umgedacht und die Lösung anderweitig gesucht wird? Denn häufig ist die Lösung das Problem!

Manche amerikanischen Großkonzerne holten sich früher bei schwierigen Fragen, für die sie innerhalb der Institution keine Lösungen fanden, Hilfe bei Althippies. Denn die sind nicht betriebsblind, haben gewohnte Denkwege meist bleibend verlassen und orientieren sich nicht unbedingt an den Realitäten, Hierarchien oder Sachzwängen.

Als Beweis kann uns auch eine interessante Studie dienen, die vor etwa 25 Jahren durchgeführt wurde: untersucht wurde die Wirksamkeit von Therapeuten. Zum Erstaunen der Wissenschaftler zeigte die Kontrollgruppe der Hausfrauen signifikant bessere Behandlungsergebnisse als die Profis. Dies führte zu Überlegungen, Personen zu Therapeuten auszubilden, die meist schnell und gut mit anderen in Kontakt kommen: Hausfrauen, Friseure und Barkeeper.

Was uns wieder einmal vor Augen führt, dass fachlich korrekte und umfassende Weiterbildung nicht unbedingt etwas mit beruflichen Erfolgen, Kreativität und schon gar nicht mit Beziehungsfähigkeit zu tun hat. Leider scheitern auch bestens ausgebildete Lehrer immer wieder an der Realität des Schulalltags. Sie können auch bestätigen, dass für die Schulpraxis Kenntnisse und Erfahrungen im Bereich der Didaktik und Pädagogik noch keinerlei Garantie dafür bieten, dass guter Unterricht stattfindet und ein gutes Lernklima geschaffen werden kann.

Es kommt noch schlimmer!

Wir kennen es alle: wir möchten etwas ändern. Aber im Gedankenkarussell sind wir mit dem negativen Erleben beschäftigt. Dies wird als „Problemtrance" bezeichnet, denn alle Gedanken füllen uns (wie in einer Trance) aus, umnebeln die sonst so guten kreativen Möglichkeiten. Als ob dadurch, dass wir selbst das Rattengift schlucken, die Ratte getötet würde!

Es ist meist nicht leicht, von der „Problemtrance" in die „Lösungstrance" zu kommen, denn die problemorientierte Sichtweise ist Erbe der Evolution: wir alle sind die Nachfahren derjenigen, die mit dem Unvorhergesehenen und Schlimmen gerechnet haben, mit dem Säbelzahntiger hinter der Felswand und anderen Gefahren.

Nun können wir unsere Problemsicht aber auch positiv nutzen, indem wir gewissermaßen noch eins draufsetzen und uns folgendes fragen: was müsste ich tun, damit alles noch schlimmer wird?

Diese „Umkehrtechnik" bringt folgende Einsichten mit sich: kehren wir nach unserem Gedankenspiel die Vorzeichen wieder um, so haben wir ziemlich exakte Empfehlungen dafür, was wir tun müssten, um die Situation deutlich zu verbessern.

Und damit ist auch klar, dass es meist nicht die misslichen Umstände sind, die uns Probleme bereiten. Denn die Säbelzahntiger sind ausgestorben. Wir haben es in hohem Maße selbst in der Hand, wie wir die Verhältnisse gestalten, in denen wir leben wollen. Denn wir werden so wie die Verhältnisse, in denen wir leben!

Kosmetik am Vulkan

In Zeiten der Krise wenden wir uns hoffnungsvoll den deutschen Dichtern zu. Von Heinrich Böll lesen wir „Es wird etwas geschehen – eine handlungsstarke Geschichte", die uns aber leider etwas ratlos zurücklässt. Wir suchen weiter und werden in den „Kalendergeschichten" fündig, die Bertolt Brecht (ebenfalls in den 50er Jahren) veröffentlichte. Die Geschichte „Mühsal der Besten" sei hier in ihrer ganzen Länge wiedergegeben, wirft sie doch einen Blick auf das, wofür es in der Psychotherapie den umständlichen aber für viele Lebenslagen zutreffenden Begriff der „scheiternsfixierten zyklischen Muster" gibt:

„Woran arbeiten Sie?' wurde Herr K. gefragt. Herr K. antwortete: Ich habe große Mühe, ich bereite meinen nächsten Irrtum vor.'"

Was wollen uns die Dichter sagen? Wissen sie auch keinen Rat für Menschen zwischen Nachdenklichkeit und Tatendrang? Lassen sie uns etwa im Stich, hineingeworfen in ein irdisches Jammertal? Ist das Spiel wirklich aus, Herr Sartre?

Wir wollen es nicht glauben, denn die Hoffnung stirbt zuletzt. Und finden endlich Ermunterung bei Erich Fried: „Wo kämen wir hin, wenn jeder sagte: wo kämen wir denn hin!' und niemand ginge, um zu sehen, wohin wir kämen, wenn wir gingen."

„Wir bemühen uns nach Kräften", ist häufig in Lehrerkollegien zu hören. Doch manchmal ist ein Bemühen der falsche Weg. Dann braucht es Mut zur Radikalität. Denn nichts ist schlimmer als Kosmetik am Vulkan.

Fehler über Fehler

„Es irrt der Mensch so lang er strebt", heißt es im „Faust" – und dennoch hoffen wir; wohl wissend, dass Irrtümer und Fehler unser Tun und Denken lebenslang begleiten. Trotz aller guten Vorsätze finden wir uns häufig im gleichen Schlamassel wieder, denn wir sehen die Gegenwart stets durch die Brille der Vergangenheit. Reize von außen haben einen minimal verändernden Effekt, neue Erfahrungen etablieren nur allmählich und relativ langsam neue neuronale Netzwerke, die ein anderes Erleben und Handeln zulassen. Denn alles wird auf dem Hintergrund des bisherigen Erfahrungsschatzes gesehen, gehört, gefühlt und gedacht, mit dem Alten abgeglichen und, sollte es zu diskrepant sein, sofort verworfen. Noch bevor wir bewusst in der Lage sind das Neue ganz zu erfassen, hat der Geschichtenerzähler in unserem Kopf schon längst eine Geschichte erzählt, die zum bisher Erlebten passt. Wir sind die Marionetten unseres Unbewussten, denn unser Gehirn versucht uns unablässig Zusammenhänge vorzugaukeln – eine große Fehlerquelle.

Darum braucht es für Veränderungen einen konstanten und lange anhaltenden Input. Die neurobiologische Erklärung ist einfach und einleuchtend: die Zahl der zur Großhirnrinde hinführenden bzw. von ihr wegführenden Nervenfasern ist im Gegensatz zur Binnenverdrahtung in der Großhirnrinde verschwindend gering: auf eine afferente bzw. efferente Faser kommen 5 Millionen intracorticale Fasern. Die meisten Neuronen haben überhaupt keine direkten sensorischen Eingänge, dafür aber tausende von Verbindungen zu den näheren und ferneren Nachbarzellen.

Sigmund Freud war der erste, der sich mit der Macht des Unbewussten und seinem Einfluss befasste, sich auch mit Fehlern, insbesondere den unbewussten Fehlleistungen (Versprechern, Verschreiben) auseinandergesetzt hat. Ihm verdanken wir auch die Beschreibung des „Wiederholungszwangs". Er ist Ausdruck dessen, dass auch im Aktuellen eine Wiederholung der Vergangenheit stattfindet - ein Irrtum in der Zeit. Aber darin ist gleichzeitig der Wunsch enthalten, das Alte endlich bewältigen und abschließen zu können. Neue Aspekte sollen uns ermöglichen, dass wir endlich zentrifugale Kräfte entwickeln, um die träge Umlaufbahn verlassen und eine neue Freiheit im Erleben, Denken und Handeln erfahren zu können.

Was also tun? Fehler vermeiden durch Nichtstun? „Wer heute auf die Frage, ob er schon einen Fehler gemacht hat, mit ‚nein' antwortet, hat noch nichts gewagt", sagt Reinhard Kahl. Wer Fehler verbieten oder so gering wie möglich halten will, fördert den Stillstand. Ein lösungs- und ressourcenorientierter Umgang mit Fehlern ist gefragt. Also ein Plädoyer für die Freiheit, Fehler machen zu können und die eigenen Möglichkeitsräume zu erweitern. Denn Misserfolge hat nur, wer sich klare Ziele setzt. Fehler sollten sogar bewusst angedacht und ausphantasiert werden.

Es geht also auch um Distanz zu sich, einen Blick auf die eigenen Möglichkeiten und Begrenztheiten. Und haben wir die wahrscheinlich höchste Stufe der menschlichen Entwicklung erreicht, den Humor, so können wir vielleicht mit Nachsicht auf unsere Fehler sehen – viele alte (oft als Erfahrung bezeichnet) und einige neue. In manchen lässt sich sogar eine kreative Ichleistung erkennen, der nachzugehen sich oftmals lohnt.

Im humorvollen Abstand gelingt uns dann vielleicht eine tröstliche Sichtweise auf unser eigenes Denken und Handeln - in heiterer Hoffnungslosigkeit!

Als der greise Zen-Meister von einem seiner Schüler kurz vor Ende seines Lebens gefragt wurde, was er denn als wesentlichste Erkenntnis seines Lebens ansehe, antwortete er mit einem Schmunzeln „Fehler über Fehler".

Die einzige Zeit, in der meine Ausbildung unterbrochen wurde, war meine Schulzeit.
George Bernhard Shaw

Lernen ist kein Ort, wo man ankommt. Lernen ist eine Art zu reisen.
Andreas Müller

Aspekte gelingender Schule

Gibt es wirklich gute Schulen? Gibt es nicht eher einzelne Lehrer, die gut arbeiten und vielleicht sogar in Kooperation mit anderen Lehrern oder gemeinsam mit ihren Schülern dazulernen wollen? Die in einer Gesellschaft, die Lehrer immer wieder verunglimpft, ein gutes Selbstwertgefühl behalten können, mit dem sich auch die Schüler identifizieren könnten. Die Abwertung der Lehrer findet sich besonders im Elternhaus, denn Lehrern wird meist die Schuld für ein Scheitern gegeben. An ihnen entlädt sich die Unzufriedenheit mit dem Schulsystem und den gesellschaftlichen Bedingungen, auf das die Schule vorbereiten soll.

Wir sind weit entfernt von einer Qualifikation und gesellschaftlichen Wertschätzung für Lehrer, wie es in Skandinavien anzutreffen ist. Und wir sind offenbar auch weit entfernt von einer Schule, die beim Einüben sozialer Beziehungen behilflich ist und die Erfahrungen für starke Beziehungen ermöglicht. Das gute Abschneiden Finnlands in den Pisa-

Studien hängt auch damit zusammen, dass dort die Vermittlung „sozialer oder ideeller Eigenschaften wie Mitgefühl und Toleranz" (Horsch u. Roth, 2011) einen wesentlich höheren Stellenwert hat. Müttern, Hausfrauen und Lehrern wird dort eine wesentlich höhere gesellschaftliche Wertschätzung entgegengebracht als bei uns. Nur die besten Studienabsolventen werden Lehrer; und alle Grundschullehrer haben einen Master-Abschluss in Erziehungswissenschaften oder Erziehungspsychologie. In ihrer Lebenserfahrung und ihrer Ausbildung spielt also der Blickwinkel Beziehung eine sehr große Rolle. Dabei leuchtet es sicherlich jedem ein: Sachkenntnisse der Lehrer ohne soziale Kompetenz ist wenig nützlich.

In einer politischen Landschaft, in der Lehrer immer noch als Wissensvermittler gesehen werden und als diejenigen, die einen möglichst guten beruflichen und damit materiellen Erfolg ihrer Schüler sichern sollen, kann nur die sogenannte Osterhasenpädagogik blühen: der Lehrer versteckt das Wissen, die Schüler müssen es suchen. In einer eher an Ordnung als an Beziehung orientierten und wenig kreativen Schulbürokratie und Schulhierarchie kann kaum eine experimentelle Suche nach neuen Lösungswegen gelingen.

Im stressigen Alltagsgeschäft mit immer neuen Regularien ist mehr als eine einigermaßen verantwortungsbewusste Unterrichtung und Verwaltung von Personen nicht zu erwarten. So aber läuft die Schule Gefahr, zur Psychiatrie des Alltags zu verkommen, in der Normalität dadurch erreicht werden soll, dass eine Anpassung an ein fragwürdiges System erfolgt. Aber „wo Kinder sich einer völlig vorgegebenen – noch dazu widersprüchlichen - Ordnung im wesentlichen nur einzufügen haben, entstehen als einzig möglicher Ausdruck ihres Freiheits- und Selbständigkeitsstrebens und ihrer Initiative „Disziplinschwierigkeiten" (Fürstenau, 1979).

Doch was soll Schule leisten und was kann sie leisten? Was für Menschen soll unser Schulsystem entlassen, unabhängig von Schulform, Alter, Noten? Wie muss eine Schule beschaf-

fen sein, in der die Schüler einen verlässlichen Beziehungs-
rahmen erleben, in dem sie experimentieren dürfen? Soll
Schule nicht eine Einladung sein, die Welt kennenzulernen
und Prinzipien des Zusammenlebens zu entwickeln?
Woran lässt sich eine gesunde, beziehungskompetente Bil-
dungslandschaft erkennen?

Gesundheit ist laut Definition der Weltgesundheitsorganisa-
tion der Zustand vollständigen körperlichen, geistigen und
sozialen Wohlergehens. Dadurch wird optimale und selb-
ständige Leistungsfähigkeit ermöglicht, auch im Sinne der
wirksamen Erfüllung der Rollen und Aufgaben im sozialen
Kontext. Dabei beinhaltet Gesundheit physische, psychische,
soziale und materielle Faktoren. Voraussetzung für ein gesundes Selbsterleben ist, dass sich jeder Mensch im Rahmen
seiner Möglichkeiten und Begrenztheiten mit anderen verbunden, sicher, geborgen und frei fühlen kann.

Unter diesem Blickwinkel ist es für eine Schule wesentlich,
dass Kinder und nicht Fächer unterrichtet werden, dass
Schule einen Möglichkeitsraum darstellt, in dem die Schüler
Selbstwirksamkeitserleben erfahren können. Denn wer sich
kompetent und im Zentrum der eigenen Initiative erleben
kann, erfährt darüber eine Motivation für mehr Neugier und
Anstrengungsbereitschaft und wird sich eher glücklich fühlen. Wertschätzung und Anerkennung aktivieren das im
Mittelhirn gelegene Motivationssystem, was über bestimmte
Botenstoffe zu einem Gefühl für Gemeinschaft, Vertrauen
und Arbeitsfreude beiträgt.

Kreativität lässt bei Kindern sofort nach, wenn ihnen etwas
beigebracht werden soll. Darum sind die Lehrer nicht als
Unterrichtende gefragt sondern eher als Gastgeber, „Ge-
burtshelfer" und Lernhelfer in Werkstätten/Ateliers, die zum
Forschen und Experimentieren einladen, einen Platz für
gesundes Wachstum bieten, für Eigenständigkeit im Miteinander.

Der **Lerncoach** hat ein persönliches Interesse an der Weiterentwicklung seiner Schüler. Er schafft ein konstantes Klima „der Ermunterung, und das ist weit mehr als vordergründige Freundlichkeit oder das Lob im Erfolgsfall. Wirkliches Coaching umfasst eine weite Palette von Kontakt, Zutrauen, Echo, Fürsorge, Anerkennung, Wertschätzung, aber auch von Anspruch, Herausforderung und konstruktiver Kritik. Der gute Lerncoach vermag sich vorzustellen, wie sich Nichtwissen anfühlt – und kann deswegen vermitteln, wie man durchhält" (Felten, 2011).

Gerade die Schule sollte den Kindern möglichst vielfältige Motivations- und Entwicklungserfahrungen bieten können - „und die stärkste Motivationsdroge für junge Menschen ist der andere Mensch" (Joachim Bauer). Gerade in einer Zeit „sozialer Fragmentierungen mit dem Verlust direkter familiärer Bezugspersonen kann ein gut ausgebautes soziales Netz vor seelischen Störungen bewahren (Meyer-Lindenberg, 2011).

Dabei geht es nicht darum, die Anforderungen herunter zu schrauben. Im Gegenteil, interessante Modelle zeigen, dass unter bestimmten Voraussetzungen freiwillig ein höherer Einsatz erbracht wird, wenn die Rahmenbedingungen stimmen, wenn Lust und Neugier geweckt und gefördert werden. Wichtig ist dabei die Erfahrung, dass Probleme bewältigt werden können und dass es dazu Hilfe von anderen geben kann.

Die Kinder sollen in der Schule auch einen Resonanzraum finden, der ihnen Widerhall für das bietet, was sie in anderen auslösen – das Prinzip Antwort im Gegensatz zum „Echoraum" in den sozialen Netzen, in denen vornehmlich eine narzisstische Selbstbespiegelung stattfindet.

Beziehung bedeutet, sich auf andere einzulassen; es bedeutet Herzensbildung im alten Sinne: Einfühlung und soziale Kompetenz. „Allein nach guten Noten zu streben, kann zu mangelhaftem Sozialverhalten und Persönlichkeitsdefiziten führen", so die Chinesische Pädagogikprofessorin Yang Dongping in der Debatte um die „Tigermutter" Amy Chan. Die Folge können dann Angstzustände, Schlafstörungen, reaktive depressive Verstimmungen und Burnout bei den Schülern sein. Und wie viel Lebensqualität und Beziehungswunsch bleibt bei den Lehrern auf der Strecke, wenn sie merken, dass das System in dem sie arbeiten, genau dies mit produziert? Kann das, neben vielen anderen Faktoren, nicht auch ein Grund für Burnout und Frühberentung sein?

Der Krankenstand der Lehrer ist fast 3-mal so hoch wie bei anderen Arbeitnehmern. Nur 5% der Lehrer halten bis zur Rente durch, etwa 30% leiden an einem Burnout (Korte, 2011). Resignation und Erschöpfung stellen sich dort ein, wo die Grenzen zwischen Berufs- und Privatleben fließend sind, wo eine ständige Konfrontation mit Gedanken und Gefühlen anderer stattfindet. In diesem Zusammenhang ist interessant, dass etliche Lehrer mit Burnout zuvor nicht für ihren Beruf gebrannt haben, denn bei 25% der Studierenden für das Lehramt lag das Burnout-Muster bereits im Studium vor (Schaarschmidt, 2010). Hier ist eine deutlichere Vorauswahl während des Studiums nötig.

Und wie viel Kindheit bleibt in einem auf Leistung ausgerichteten Schulsystem bei den Kindern auf der Strecke? Und was wird passieren, wenn sie eines Tages ihre **verlorene Kindheit** einklagen? Phantasien und Träume, Ruhe und Trödeln sind auf der Strecke geblieben. Spiel, Spaß und Nichtstun, Sport und Musik wurden auf dem Altar des Leistungsdenkens geopfert. Mehr, besser, schneller – das ist die Devise. Die Schule verkommt zu einem Trainingslager für das Überleben in einer Leistungsgesellschaft. Sie bereitet auf den globalen Konkurrenzkampf vor und begünstigt damit das spätere Burnout - Ausdruck einer gestörten Beziehung zu sich selbst und anderen. Und leider steht für manche am Ende der entbehrungsreichen Schulzeit oder auch des Studiums die Arbeitslosigkeit. Denn Anstrengungsbereitschaft und Wissen sind leider keine Garantie mehr für einen Arbeitsplatz – was zu Resignation oder aber noch mehr innerer Ausbeutung führen kann.

Lernerfolg hängt im Wesentlichen von 3 Faktoren ab: Intelligenz, Motivation und Fleiß (Roth, 2011). Lernen kann nur gelingen, wenn der Sinn des zu Lernenden verstehbar ist und eine Belohnungserwartung erfüllt wird. Doch bleiben Belohnungen aus, werden sie u.U. über andere Erfahrungen gesucht, z.B. über ein Suchtverhalten. Gefördert wird dies auch über die Einnahme von **Psychostimulanzien**. Das Hirndoping (Neuro-Enhancement) hat in den letzten Jahren an den Schulen und Hochschulen enorm zugenommen, und die Wettbewerbssituation schafft Aggressivität statt Kooperation. Jeder 3. Schüler hat mittlerweile Stresssymptome.

Wenn also manches im Schulsystem krank ist und krank machen kann, wo sind die **Helfer**? Können das die Lehrer sein, die selbst unter dem System und seinen Anforderungen leiden? Manche Menschen haben die Vorstellung, Lehrer sollten nicht nur gute Pädagogen sondern auch einfühlsame und hilfsbereite Psychologen sein, die für die aktuellen Nöte ihrer Schüler stets mit Rat und Hilfe zur Stelle sind. Zwar sollten Lehrer möglichst viel über Psychologie und Psychotherapie wissen, sie sollten sich einfühlen können und eine Ahnung von Gruppendynamik und Kommunikation haben.

Aber Lehrer sind keine Therapeuten! Sie können Vorbilder dafür sein, wie man mit Unlust, Angst und Wut gut umgehen kann, so dass diese Gefühle in Worte, nicht in Handlungen umgesetzt werden. Für das Handwerk des Therapeuten braucht es aber eine andere Ausbildung, die langwierig und kostenintensiv ist. Und es sollte keiner therapeutisch tätig werden, der gleichzeitig Entscheidungen treffen muss, die für den Klienten existenzielle Bedeutung haben können; was mit den Schulnoten durchaus gegeben ist.

Darum ist es wichtig, dass es **Schulsozialarbeit** gibt, vom Bewertungssystem unabhängige Ansprechpartner bei Problemen, die weitere Hilfen aufzeigen können. Lehrer können dazu motivieren, diese Hilfen in einem geschützten Rahmen anzunehmen oder Hilfe außerhalb der Schule aufzusuchen. Oder aber die Schule lädt zu bestimmten Themen Experten ein. So können z.b. Kinder- und Jugendpsychiater, Polizeibeamte oder Sozialpädagogen Wissen über Drogenkonsum, Essstörungen, Gewalt, Mobbing, Burnout etc. vermitteln und auf das Entstehen dieser Problembereiche eingehen, Aufklärung zum frühzeitigen Erkennen bieten und die zur Verfügung stehenden Hilfen vermitteln.

Die Schulsozialarbeiter haben neben der direkten Hilfe bei Konflikten innerhalb oder zwischen den verschiedenen Gruppierungen die Aufgabe, Programme zur Verbesserung der Gruppendynamik und zum Konfliktmanagement vorzustellen. Sie begleiten z.B. die Streitschlichter-Ausbildung für Schüler, oder initiieren „Faustlos" (Cierpka, 1999), LSCI / Life space crisis intervention, „No blaim approach"; vielleicht sogar ein Elternprogramm wie „Starke Eltern, starke Kinder". Sie erarbeiten sich mit den Schülern gemeinsam evtl. die Methode der Zwiegespräche (Moeller, 1988) sowie der gewaltfreien Kommunikation im Sinne Marshall Rosenbergs (Rosenberg, 2002) und geben den Kindern damit einen guten Erfahrungsgrundstock für Konfliktlösung im Sinne eines partnerschaftlichen und gewaltfreien Umgangs in Beziehungen. Das wäre Lernen für ein besseres Leben!

Denn Anerkennung und Wertschätzung fördern die Bildung wichtiger Botenstoffe: Dopamin-Ausschüttung führt zu Einsatzbereitschaft, Oxytocin bringt Vertrauen und Gemeinschaftsgeist, endogene Opiate stärken die Arbeitsfreude und das eigene Motivationssystem. Doch Unfairness führt zu Passivität, Widerstand, Verweigerung und dem Versuch, über eine Externalisierung der inneren Problemsituation eine Linderung zu schaffen.

Dies ist ein Grund, warum die aktuelle Situation im Umgang der Kinder und Jugendlichen untereinander von Beleidigung und Mobbing geprägt ist. Denn Aggressionen entstehen vor allem dann, wenn Angst und Sprachlosigkeit in Handeln umgesetzt wird. Und gerade beim Cybermobbing wird deutlich, dass die Intensität stark zugenommen hat. Wer einmal in der Rolle des Opfers ist, kann dies kaum noch ändern, zumal die Begegnungen im virtuellen Raum und nicht in der Realität stattfinden (Heisig, 2010). Doch wer sich isoliert und fremd fühlt, hat ein hohes Erkrankungsrisiko.

Weil sich Lehrer weder von ihrem Wissen her noch von ihrer zeitlichen Situation her dieser Aspekte des Umgangs differenziert annehmen können, braucht es Schulsozialarbeiter, die als Teil des Kollegiums in die Konferenzen eingebunden sein sollten. So können sie direkt mitbekommen, welche Schüler oder Klassen gerade Probleme bereiten und in welche Richtung der Schuldampfer abdriftet, weil bestimmte Themen besonders virulent sind. Die skandinavischen Schulen nutzen die Kompetenz von Schulsozialarbeitern und Schulpsychologen ganz besonders, integrieren sie ins Lehrerteam und bieten darüber hinaus für Lehrer noch externes Coaching in besonderen Konfliktsituationen an.

Wenn das Schulsystem keine Numerus-clausus-Krüppel und beziehungslose Technokraten schaffen will, wenn neben der Ich-Entwicklung (Intelligenz, Wahrnehmung, Denken) auch die Selbstentwicklung gefördert wird, die den Schülern später im Leben kompassartig eine bleibende Richtung gibt, auch wenn die Lebensstürme toben, dann kann die Schule etwas von dem bieten, was heute in vielen Elternhäusern abhanden gekommen ist: **Lebenskunde.**

Selbstentwicklung hängt nämlich in hohem Maße mit der Entwicklung von Lebenskompetenz zusammen. Nur wer vertrauensvolle und tragfähige soziale Kontakte schaffen kann, unabhängig von den unterschiedlichen Kulturkreisen, aus denen sein Gegenüber kommt, wird sich in der heutigen

Welt zurechtfinden und ein Sicherheit gebendes soziales Netz spannen können, das auch bei Veränderungen und Krisen eine gute Kommunikation und Kooperation ermöglicht.

Außenbedingungen tragen nur zu etwa 8-15% zum Wohlbefinden bei. So kann in einer Kultur, deren Werte hauptsächlich im Außen bemessen werden, nur sehr schwer dauerhaftes persönliches Glück erreicht werden. Es gilt also eher die Anstrengungsbereitschaft nach innen zu richten und eine Kultur der Innerlichkeit und Selbstveränderung zu fördern, in der das eigene Lebensprojekt, ein gutes Gelingen des eigenen Lebens, zum Ziel wird.

Das Unterrichtsfach Lebenskunde ist essenzieller Bestandteil dieser Überlegungen und Zielsetzungen. Es zieht sich durch alle Jahrgangsstufen und leistet einen entscheidenden Beitrag zu Gesundheit, Selbst- und interkultureller Sozialkompetenz, zusammen mit der Lernkompetenz, die in allen Unterrichtsfächern entwickelt wird. In diesem Unterrichtsfach können Werte und Prinzipien erarbeitet werden, mit denen eine authentische Stimmigkeit, eine positive Einstellung zum eigenen Leben und eine gesunde Lebensgestaltung erreicht werden kann. Denn leider ist das Verhalten von Kindern in Deutschland zunehmend von psychosozialer Verwahrlosung, mangelnder Selbststeuerungsfähigkeit und selbstzerstörerischem Gesundheitsverhalten gekennzeichnet. Schulische „Entwicklungshilfe" für eine gute Beziehung zu sich selbst und zu anderen ist somit Gesundheitsvorsorge.

Die Kernkompetenzen der Persönlichkeit (Stressverarbeitung, Selbstberuhigung, Selbstbewertung und Motivation, Impulskontrolle, Bindung und Empathie, Realitätssinn und Risikowahrnehmung – Roth, 2011) werden in diesem Fach gebildet und gefördert. Einen Vorläufer dazu gab es bereits 1960, als der damalige Berliner Bürgermeister Willy Brandt das freiwillige Unterrichtsfach Lebenskunde an den Schulen einführte. Im Zentrum der Überlegungen standen damals

Verantwortung, Selbstbestimmung und Toleranz. Über die Mitarbeit an Konfliktlösungen in der Schule sollte das Zusammenleben gestärkt und unterstützt werden. Seit 2007/08 wird Lebenskunde an Brandenburger Schulen gleichberechtigt neben dem Religionsunterricht angeboten.

An amerikanischen Schulen gibt es seit Jahren das Unterrichtsfach „Self-science", in England das Fach „Well-being". Einige Schulen haben das Fach „Glück" eingeführt. Hansch spricht von persönlicher Meisterschaft (Hansch, 2010). Die Drogenbeauftragte der Bundesregierung empfiehlt das Fach „Wohlfühlen" mit Vermittlung von Stressbewältigungsstrategien, Lebenskompetenz, Suchtprophylaxe und Ernährung.

Das obligatorische **Unterrichtsfach Lebenskunde**, das sich durch alle Klassenstufen zieht, strebt damit u.a. die folgenden Ziele an:

- die Förderung klarer, transparenter, kontinuierlicher, direkter, unmittelbarer Kommunikation und Vertrauensbildung zur Schaffung friedlicher und tragfähiger sozialer Beziehungen;
- eine Pädagogik der Vielfalt und die gemeinsame Entwicklung von Werten und günstigen Lehr- und Lernbedingungen für gelingende Inklusion
- die Entwicklung von Empathie, Offenheit, Konfliktfähigkeit, Frustrationstoleranz, gelingender Kommunikation und Kooperation als Basis für Gemeinschaftsfähigkeit;
- die Neugier für andere Lebens- und Denkweisen; die Integration von Kindern unterschiedlicher Herkunft und Religionen, insbesondere mit Migrationshintergrund;
- der Erwerb interkultureller Kompetenz durch das Erkunden fremder Welten in einem selbst und bei den anderen; das Überwinden sprachlicher und sozialer Barrieren;

- die Entwicklung einer persönlichen Meisterschaft und eines Gefühls für den ganz persönlich möglichen Beitrag zu einer kulturell vielfältigen und auf Bezogenheit begründeten Welt;
- Gesundheitskompetenz (u.a. Suchtprophylaxe, Ernährung und Bewegung)
- Konfliktmanagement und Stressreduktion (Entspannungsverfahren, Achtsamkeit, vielleicht sogar Yoga und Meditation)
- Lernkompetenz und Medienkompetenz;
- Philosophieren und persönliche Sinnstiftung, auch durch einen Bezugspunkt im Sinne von Spiritualität.

In der Sicherheit eines guten Ortes und kontinuierlich zugewandter und interessierter Lerncoaches können die Schüler nicht nur fachspezifische und soziale Fertigkeiten erwerben sondern vor allem einen Möglichkeitsraum erleben, der ihnen dabei hilft, ihre ganz persönlichen Begabungen, ihre persönliche Meisterschaft, zu erlangen. Es geht dabei nicht um das Abarbeiten eines Lehrplans sondern das (Vor)leben der Lebenskunde, um gelebte Beziehung. Schule wirkt dadurch anregend für die Lust auf lebenslanges Lernen und Kennenlernen, schafft Neugier auf die eigenen Entwicklungen und fördert eine aktive Weltaneignung.

Doch dazu braucht es eine Einladung in die Welt (Kahl, 2005), die Förderung von Neugier und Lust auf Lernen, nicht Wissende (Besserwissende) sondern Lernhelfer. Und es braucht die Schule als Erfahrungs- und Erprobungsraum, als Atelier, das den Kindern „Entwicklungshilfe" geben kann, das Gelingen des eigenen Lebens anzustreben. In einer angstfreien Atmosphäre kann Lernen als Erfüllung dessen erlebt werden, was unser Hirn beständig von uns möchte: aktiv sein, neue Vernetzungen ausbilden. Das Gehirn sucht beständig Kicks.

Gelingende Schule macht Lust auf lebenslanges Lernen, vermittelt darüber (Lebens)Freude und sorgt somit für Gesundheit und Wohlbefinden. Eine Lust, die auch wieder auf das Elternhaus rückgekoppelt werden kann. In einem konstruktiven Miteinander von Schule und Elternhaus liegen die positiven Möglichkeiten für Erziehung und Lernerfolg (Korte, 2011). Eltern haben einen maßgeblichen Einfluss auf den Schulerfolg. Andererseits sind häusliche Erziehungsstrategien ineffektiv, wenn sie in der Schule nicht unterstützt werden. Wobei zu klären ist, wie viel Erziehung das Elternhaus und wie viel die Schule leisten muss.

Eltern und Lehrer sind füreinander die wichtigste Quelle der Unterstützung (A. von Schlippe, 2006). Gerade problematische Schüler versuchen, den Schulterschluss von Schule und Elternhaus zu untergraben, um einen Freiraum für ihr Fehlverhalten zu haben.

Eine gelingende Schule ist ein Ort der Begegnung und ein Forum für Interessensaustausch für Menschen aus allen Herkunftsbereichen. Hier wird kein Anpassungsdruck ausgeübt sondern - im Sinne der Inklusion - Heterogenität der Schüler als Möglichkeit genutzt (Booth & Ainscow, 2003). In einer solchen Schule geht es weniger um leistungsbezogenes Lernen in Klassen als vielmehr um gemeinsames Arbeiten in Ateliers und Werkstätten. Dort vermitteln Lehrer unterschiedliche Fertigkeiten, oder erarbeiten sich mit den Schülern gemeinsam etwas, das sie selbst vielleicht noch nicht gut können. Hier lernen beide miteinander, Schüler und Lehrer. Und es kann und sollte natürlich auch möglich sein, dass Schüler mit einem Spezialwissen ihre Lehrer unterrichten. Hier geht es nicht darum, jede Menge Fachwissen einzusammeln, sondern Fähigkeiten der Anwendung und des Transfers des Erlernten in andere Fachgebiete, Kreativität, Neugier und Experimentierfreude auszubilden.

In einer Schule, die so arbeitet, gibt es natürlich auch Klassengemeinschaften. Die orientieren sich aber am Modell der

Familie, d.h. mehrere Jahrgangsstufen werden gemeinsam unterrichtet, so wie es in Familien Kinder in unterschiedlichem Alter gibt. Die Erfahrungen zeigen, dass Schüler in jahrgangsgemischten Klassen genauso gut lernen, aber zusätzlich noch ihre sozialen Fähigkeiten trainieren. Denn es braucht einen verlässlichen sozialen Rahmen als Möglichkeitsraum für gemeinsames Wachstum. Hier können sich alle austauschen, sich gegenseitig neugierig machen auf das, was diese Schule und die Welt um sie herum zu bieten hat.

Der Kristallisationspunkt der Schule ist das **Kollegium**, dem auch Sozialpädagogen und Schulpsychologen angehören. Hier wird eingeübt und (vor)gelebt, was Treibhausatmosphäre bedeutet. Im Erfahrungsaustausch der Lehrer lassen sich wichtige Kernkompetenzen schulen (!) und Autorität im Auftreten (Roth, 2011) herausbilden: Stressmanagement, Konfliktmanagement und Gewaltprävention.

Hinzu sollte ein Wissenstransfer zu didaktischen, neurobiologischen und psychologischen Erkenntnissen kommen, insbesondere zu Lernen, Motivation und Emotionen. Im „Journal-Club" werden regelmäßig interessante Veröffentlichungen aus anderen Bereichen vorgestellt. Gerade die Lernforschung zeigt immer wieder die enorme Lern- und Wandlungsfähigkeit des Menschen auf. Anstöße finden sich auch in vielen anderen Disziplinen, von der Soziologie über die Psychologie bis hin zur Verhaltensökonomie und der Philosophie.

Das Kooperationsmodell Schule findet sein Vorbild in der Interaktion des Kollegiums. Die Schulentwicklungsforschung zeigt deutlich: wo Lehrer sich gegenseitig unterstützen und begleiten, wird ihre Professionalität am nachhaltigsten gefördert. Berufliche Identitätsbildung ist ein Prozess von mehreren Jahren. Gerade in den Anfängerjahren sollte darum eine intensive Mentoren-Begleitung vieler erfahrener Lehrer erfolgen, damit sich die eigene Identität in den Identifikationen mit unterschiedlichen Vorbildern herausbilden kann. Wobei wichtig ist, dass Lehrer grundsätzlich nur dort für ihren Beruf ausgebildet werden sollten, wo auch Schüler sind (Spitzer, 218). Und es sollten auch nur diejenigen Lehrer ausbilden, die Schüler unterrichten.

Untersuchungen zeigen, dass an Schulen mit einem kooperativen Lehrerteam die Leistungen der Schüler signifikant besser sind. Hattie (2009) zufolge korreliert die Lehrer-Schüler-Beziehung mit 0.72 signifikant deutlicher mit dem Lernerfolg als die fachliche Kompetenz (0.09). Also geschieht wesentlich mehr auf dem Weg der Beziehungsdynamik als übers Unterrichten. Wenn Lehrer sich selbst als Lerncoaches verstehen können und im Sinne einer ressourcenorientierten Sichtweise ein Interesse an der Weiterentwicklung des Schülers zeigen können, dann wird ein interaktionelles Verständnis von Schule verwirklicht, das wesentlich zu einer Zufriedenheit von Lehrern, Schülern und Eltern beitragen kann.

In diesem Sinne ist auch der Austausch mit anderen Schulen über einen **Schulverbund** (z.B. www.blick-über-den-zaun.de) mit gegenseitigen Visitationen eine gute Möglichkeit, den Außenblick auf die Organisation für Änderungsimpulse zu nutzen, einander anzuregen und zu ermutigen, miteinander in Beziehung zu treten. Denn "schöpferische Impulse entstehen dort, wo Arbeitsweisen, Deutungen und Methoden durch fremde Denksysteme gestört werden" (Lohmer, 2000).

So sind auch die „kritischen Freunde" zu sehen (Booth & Ainscow, 2003), die immer wieder zur gemeinsamen Reflexion ermuntern und damit einer betriebskonformen Blindheit entgegenarbeiten. Dies setzt natürlich eine Überwindung des Schamaffekts voraus. Die „Angst, bei Unzulänglichkeiten dekuvriert zu werden, ist in der Lehrerrolle typisch und hängt mit den strukturellen und psychodynamischen Bedingungen des pädagogischen Handelns zusammen" (Graf-Deserno,

2011). Über kooperative Zusammenarbeit werden Lehrer aus der Isolation befreit; das ist aktivste Burnout-Prophylaxe.

In kleineren Untergruppen von ca. 12 Personen geschieht die schülerbezogene Fallarbeit im Sinne einer **Balintgruppe** mit externen Leitern. Diese gehören in anderen psychosozialen Einrichtungen seit Jahrzehnten zum Standard der „Selbstbesinnung". In diesen Gruppen können die aktuellen persönlichen Problemzonen im Umgang mit Schülern und Eltern besprochen werden, um ein vertieftes Verständnis für mögliche Verzerrungen von Beziehungen zu erlangen, ein feinfühliges Hinspüren zu den Bedingungen einer beeinträchtigten Kommunikation. Dies ist eine essenzielle Forderung an modernen Schulen, die einen Beziehungsfokus in ihre Arbeit verwirklichen wollen und Schüler aus ihrer Schule entlassen wollen, die neben dem Erwerb von Fertigkeiten (wohlgemerkt nicht Wissen – davon spricht auch die Pisa-Studie nicht !) ihren Klienten etwas vermittelt haben wollen, was gerade in der heutigen Zeit nicht hoch genug eingeschätzt werden kann.

Wie eine Untersuchung bei Hochschulabsolventen zeigt, wird nämlich neben Intelligenz und Fachwissen der sozialen Kompetenz der dritte Rang für beruflichen Erfolg eingeräumt. Wie aber soll die Vermittlung von gemeinschaftsstiftender Transparenz, Kommunikation und Kooperation an die Schüler gelingen, wenn Lehrer (und Eltern) ein unzureichendes Vorbild bieten?

Das Leitungsgremium einer gelingenden Schule umfasst nur wenige Personen, denn es ist eine organisationspsychologische Erkenntnis, dass das Niveau sinkt, je mehr Menschen an einem Projekt mitarbeiten. Unter einer inspirierenden Führung gibt es eine beständige Aussprache und Reflexion darüber, wie sich die aktuellen Beziehungen gestalten und entwickeln und welche Kurskorrektur als Anpassungsleistung an aktuelle gesellschaftliche Änderungen notwendig ist. Dieses Team wird von einem externen Coach begleitet. Aber auch für jeden Lehrer gibt es die Möglichkeit eines Notfall-coaching durch kompetente Fachkräfte bei aktuellen Problemen mit Eltern, Schülern oder Kollegen.

Wenn eine Interaktionskultur geschaffen werden kann, in der Lehrer, Schüler, Klassen und Familien miteinander in Beziehung treten können, jenseits einer Einengung von Ideologien, kann Schule im Sinne einer Verantwortungsgemeinschaft zu einem „Great Place to Work" werden, geprägt von Glaubwürdigkeit, Respekt, Fairness, Stolz und Teamgeist.

Literatur

Balint, Michael (1960): Angstlust und Regression. Klett, Stgt. 1972

Bauer, Joachim (2004): Das Gedächtnis des Körpers. Wie Beziehungen und Lebensstil unsere Gene steuern. Piper, München

Bauer, Joachim (2006): Warum ich fühle, was du fühlst. Intuitive Kommunikation und das Geheimnis der Spiegelneurone. Heyne, München

Bauer, Joachim (2007): Lob der Schule. Sieben Perspektiven für Schüler, Lehrer und Eltern. Hoffmann und Campe, Hamburg

Bonner , Stefan und Anne Weiss (2008): Generation doof. Wie blöde sind wir eigentlich. Bastei Lübbe, Bergisch Gladbach

Booth, Tony u. Mel Ainscow (2003): Index für Inklusion (übersetzt und bearbeitet von Ines Boban u. Andreas Hinz. Martin-Luther-Universität Halle-Wittenberg

Brizendine, Louann (2008): Das weibliche Gehirn. Warum Frauen anders sind als Männer. Goldmann, München

Brumlik, Micha (Hrsg.)(2007): Vom Missbrauch der Disziplin. Antworten der Wissenschaft auf Bernhard Bueb. Beltz, Weinheim

Bueb, Bernhard (2006): Lob der Disziplin. Eine Streitschrift. List, Berlin

Caspary, Ralf (Hrsg.) (2006): Lernen und Gehirn. Der Weg zu einer neuen Pädagogik. Herder, Freiburg

Chua, Amy (2011): Die Mutter des Erfolgs: Wie ich meinen Kindern das Siegen beibrachte. Nagel & Kimche, Zürich / München

Czerny, Sabine (2011): Was wir unseren Kindern in der Schule antun – und wie wir das ändern können. Südwest, München

Fauser, Peter ; Michael Schratz; Manfred Prenzel (2008) : Was für eine Schule!: Profile, Konzepte und Dynamiken guter Schulen in Deutschland. Kallmeyer, Seelze

Felten, Michael (2011): Auf die Lehrer kommt es an. Süddeutsche Zeitung 21.12.2011

Freud, Sigmund (1914): Zur Psychologie des Gymnasiasten; S. Fischer, Frankfurt 1970

Freud, Sigmund (1920): Jenseits des Lustprinzips; S. Fischer, Frankfurt 1970

Freud, Sigmund (1937): Die endliche und die unendliche Analyse; S. Fischer, Frankfurt 1970

Fröhlich-Gildhoff, Klaus u. Maike Rönnau-Böse: Resilienz. Reinhardt, München 2009

Fürstenau, Peter (1979): Zur Psychoanalyse der Schule als Institution. In: Zur Theorie psychoanalytischer Praxis. Klett-Cotta, Stuttgart

Furman, Ben (2005): Ich schaffs! Spielerische und praktische Lösungen mit Kindern finden. Das 15-Schritte-Programm für Eltern, Erzieher und Therapeuten. Carl Auer, Heidelberg 2005

Graf-Deserno, Susanne (2011): Emotionales Ausdrucksgeschehen im Unterrichtsablauf – pädagogische Kasuistik und Professionalisierung von Lehrkräften. Supervision 1.2011, Beltz

Hansch, Dietmar (2010): Sprung ins Wir. Die Neuerfindung von Gesell -
    schaft aus systemischer Sicht. Vandenhoeck & Ruprecht,
    Göttingen
Hattie, John C. (2009): A Synthesis of Over 800 Meta-Analyses Relating to
    Achievement. Routledge /Tayler & Francis, London - zitiert
    nach www.lerningfactory.ch
Heisig, Kirsten (2010): Das Ende der Geduld. Herder, Freiburg
Horsch, Ursula und Julia Roth (2011): Orientierung fürs Leben. Gehirn &
    Geist 4/2011
Hüther, Gerald (2004): Die Macht der inneren Bilder. Wie Visionen Gehirn,
    den Menschen und die Welt verändern. Vandenhoeck &
    Ruprecht, Göttingen
Die ideale Schule. Was Jungen und Mädchen optimal fördert. - Geo Wissen
    Heft Nr. 44 / 2009
Juul, Jesper (2005): Aus Beziehung wird Erziehung. Authentische Eltern –
    kompetente Kinder. Herder, Freiburg
Kahl, Reinhard (2005): Treibhäuser der Zukunft. Buch und 3 DVD mit 13
    Std. Filmmaterial. Beltz, Weinheim
Korte, Martin (2010): Wie Kinder heute lernen. Goldmann, München
Lohmer, Mathias (2000): Psychodynamische Organisationsberatung. Kon-
    flikte u. Potentiale in Veränderungsprozessen. Klett-Cotta, Stgt.
Meier, Daniel u. Peter Szabo (2008): Coaching – erfrischend einfach. Ein
    führung ins lösungsorientierte Kurzzeitcoaching.
    BoD, Norderstedt
Meyer-Lindenberg (2011): Urbane Seelennöte. www.spektrum.de,13.12.2011
Miller, Alice (1980): Am Anfang war Erziehung. Suhrkamp, Frankfurt
Moeller, Michael Lukas (1988): Die Wahrheit beginnt zu zweit. Rowohlt
    Reinbek (2008)
Moeller, Michael Lukas (1986): Die Liebe ist das Kind der Freiheit. Rowohlt
    2008, Reinbek
Prior, Manfred u. Heike Winkler (2009): MiniMax für Lehrer. 16 Kommun-
    kationsstrategien mit maximaler Wirkung. Beltz, Weinheim
Rosenberg, Marshall B. (2007): Gewaltfreie Kommunikation. Junfermann,
    Paderborn
Roth, Gerhard (2011): Bildung braucht Persönlichkeit. Wie Lernen gelingt.
    Klett-Cotta, Stuttgart
Schaarschmidt, Uwe (2010): Beruf mit Risiko. Gehirn & Geist 11/2010;
    Spektrum der Wissenschaft, Heidelberg
Schlippe, Arist v. und Haim Omer (2006): Autorität durch Beziehung. Die
    Praxis des gewaltlosen Widerstands in der Erziehung.
    Vandenhoeck & Ruprecht, Göttingen
Schneewind, Klaus A: Freiheit in Grenzen. Für Eltern von Jugendlichen.
    DVD und zugehörige Begleitbroschüre. Departement für
    Psychologie der Universität München
Schneewind Klaus A. und Beate Böhmert (2008): Kinder im Grundschul-
    alter kompetent erziehen. Der interaktive Elterncoach „Freiheit
    in Grenzen" mit 1 DVD. Huber-Verlag, Bern

Spitzer, Manfred (2010): Medizin für die Bildung. Ein Weg aus der Krise. Spektrum, Heidelberg

Spitzer, Manfred (2010): Computer in der Schule. Nervenheilkunde 2010; 29; 5-8

Spitzer, Manfred (2006): Nervenkitzel. Neue Geschichten vom Gehirn. Suhrkamp, Frankfurt/Main

Strauch, Barbara (2003): Warum sie so seltsam sind. Gehirnentwicklung bei Teenagern. Berlin-Verlag, Berlin

Waldvogel, Markus (2010): Worum geht's da eigentlich? Philosophisches zum so-tun-als-ob in der Schule. In: Detlef Staude: Methoden Philosophischer Praxis. Transcript, Bielefeld

Watzlawik, Paul (1995): Vom Unsinn des Sinns und Sinn des Unsinns. Piper, München

Weigand, Wolfgang (2011): Organisation verstehen. Supervision 1.2011, Beltz, Weinheim

Winterhoff, Michael (2008): Warum unsere Kinder Tyrannen werden. Oder: die Abschaffung der Kindheit. Gütersloher Verlagsh., Gütersloh

www.blickueberdenzaun.de
www.institut-beatenberg.ch
www.learningfactory.ch
www.lebenskunde.de
www.updatenet.net
www.znl-ulm.de

Hinweise

Aus Gründen der besseren Lesbarkeit verwende ich meist die männliche Form der Berufsbezeichnungen. Selbstverständlich sind stets beide Geschlechter gemeint.

Die Aufsätze „Erotik in der Schule" und „Fehler über Fehler" erschienen in gekürzter Form in der „ILS-Mail", einer Veröffentlichung des Instituts für LehrerInnenbildung und Schulforschung der Pädagogischen Fakultät der Leopold-Franzens-Universität Innsbruck. Einige der hier versammelten Artikel wurden in etwas anderer Fassung im Jahr 2009 im „Mühlradl" veröffentlicht, Schulzeitschrift der Freien Waldorfschule Rosenheim. Die meisten Artikel wurden für dieses Büchlein geschrieben oder in Teilen als Impulsgeber für das Bildungshaus in Bad Aibling formuliert.

Dank

Ich möchte mich bei den Studierenden an der Pädagogischen Fakultät der Universität Innsbruck, dem Kompetenzteam für das Bildungshaus in Bad Aibling und allen LehrerInnen, SchülerInnnn und KollegInnen bedanken, die Anregungen und Hilfen gaben, den Blickwinkel zu erweitern oder zu fokussieren. Besonderer Dank gilt meiner Familie, die mir den Möglichkeitsraum gab, dieses Büchlein zu schreiben.

Autor

Dr. Gerhard Vilmar arbeitete nach dem Medizinstudium in verschiedenen Institutionen der Kinder- u. Jugendpsychiatrie, Psychosomatik und Erziehungsberatung. Weiterbildung zum Psychoanalytiker, tätig als Therapeut/Lehrtherapeut, Supervisor, Coach und Dozent. Er berät Personen mit Personalverantwortung und Institutionen bei Veränderungsprozessen, Teambildung und Krisen. Als Mitglied in der Leitungsgruppe des Bildungshauses Bad Aibling ist er aktiv an der Umsetzung eines integrativen Konzepts von Krippe, Kindergarten, Hort und Schule beteiligt. An der Pädagogischen Fakultät der Universität Innsbruck hat er einen Lehrauftrag zum Thema „Beziehungskompetenz im Lehrberuf".

Dr. Gerhard Vilmar
www.gerhard-vilmar.de
post@gerhard-vilmar.de
Tel. 0049-8036-305381

Bisher erschienen vom Autor die folgenden Bücher:
Der Mental-Coach (2008)
Der Paar-Coach (2009)

In Vorbereitung ist ein Büchlein zur Waldorfschule und „Der Notfallkoffer - schnelle Hilfen in psychischen Belastungssituationen".

Der vollständige Erlös aller Bücher des Autors geht an den gemeinnützigen Verein **Sascha e.V.**, der Hilfsprojekte für Waisenkinder und mittellose Familien in Liberia, Kenia und Sri Lanka unterstützt. Näheres unter www.sascha-ev.de.